सावित्रीनामा

सावित्रीबाई फुले का समग्र साहित्यकर्म

सावित्रीनामा

सावित्रीबाई फुले का समग्र साहित्यकर्म

जोतीराव फुले के भाषण सहित

मूल मराठी से हिंदी अनुवाद : उज्ज्वला म्हात्रे

भूमिका : प्रो. हरी नरके

FORWARD PRESS
फारवर्ड प्रेस

'सावित्रीबाई फुले समग्र वांग्मय' (मुख्य संपादक हरी नरके, संपादक एम.जी. माली, प्रकाशक महात्मा फुले चरित्र साधने प्रकाशन समिति, महाराष्ट्र शासन) में संगृहीत 'काव्यफुले, 1854'; 'जोतिबांची भाषणे' (संपादक सावित्रीबाई), 1856; 'सावित्रीबाईनी जोतीबांना लिहिलेली पत्रे' (सावित्रीबाई फुले द्वारा जोतराव को लिखे पत्र), 'मातुश्री सावित्रीबाईची भाषणे', 1892; 'बावन्नकशी सुबोध रत्नाकर', 1892 व सावित्रीबाई फुले जीवन कालानुक्रम और कार्य का मूल मराठी से अनुवाद। भूमिका एनसीईआरटी मेमोरियल लेक्चर सीरीज, 2008 के एक अध्याय का अंग्रेजी से अनुवाद तथा लेखक प्रो. हरी नरके की अनुमति से यहां संकलित

ISBN : 978-81-954636-4-0

प्रथम संस्करण : फरवरी, 2023

प्रकाशक : **फारवर्ड प्रेस***
803/92 नेहरू प्लेस, नई दिल्ली - 110019

ई-मेल : fpbooks@forwardpress.in
संपर्क : +91-7827427311
वेब : www.forwardpress.in

अनुवाद : उज्ज्वला म्हात्रे
आवरण : सिद्धेश गौतम
डिजाइन-लेआउट : राजन कुमार
मुद्रक : परम ऑफसेटर्स, ओखला इंडस्ट्रीयल एरिया, फेज 1, नई दिल्ली-110020

सावित्रीनामा : सावित्रीबाई फुले का समग्र साहित्यकर्म

SAVITRINAMA : Savitribai Phule Ka Samagra Sahityakarm

---

* **फारवर्ड प्रेस**; *'फारवर्ड ट्रस्ट'*, नई दिल्ली की इकाई है।

अनुक्रम

प्रकाशकीय

कहने की आवश्यकता नहीं कि महिलाएं पितृसत्तात्मक ब्राह्मणवादी समाज के दंश को पुरुषों से कहीं अधिक झेलती हैं। फिर चाहे उनके परिवार अथवा पति की समाज के जातिगत पदक्रम में कोई भी स्थिति हो। इस समाज का ढ़ांचा ही इस तरह का है कि इसमें सत्ता और शक्ति हमेशा पुरुषों के हाथ में ही रहती है और उन्हें इसे हासिल करने के लिए सामाजिक समव्यवहार में हिस्सा नहीं लेना पड़ता। महिलाएं चाहे-अनचाहे पितृसत्तात्मकता की वाहक बन जाती हैं। निस्संदेह इसमें पुरुष समाज की भागीदारी भी होती है, लेकिन वे उसके बाहर रहकर उसे नियंत्रित कर सकते हैं। महिलाएं समाज के जिस उपेक्षित हिस्से में रहती हैं, पीढ़ी-दर-पीढ़ी वह समाज उनके जरिए जिंदा रहता है। लेकिन इसके बाद भी उन्हें निर्णय लेने की स्वतंत्रता नहीं होती। पूर्वजों से जो मिथक और मिथकीय चरित्र उन्हें विरासत में प्राप्त होते हैं, वे उनकी रोजमर्रा की जिंदगी का हिस्सा बन जाते हैं और उन्हें बिना कोई प्रश्न किये स्वीकार करना होता है। उन्नीसवीं सदी के पुणे और ग्रामीण महाराष्ट्र, जहां सावित्रीबाई फुले रहती थीं, की स्थिति इससे बहुत अलग नहीं रही होगी। यही वह जमीन थी, जिसमें से सावित्रीबाई अपने पति जोतीराव फुले की मदद से उभरीं और दमित जातियों की महिलाओं और बच्चों की शिक्षक और मुक्तिदाता बनीं। उनके साहित्य का यह संकलन 'काव्यफुले' (1854) से शुरू होता है, जिसके प्रकाशन के समय वे मात्र 23 वर्ष की थीं और इसका अंत 'बावन्नकशी सुबोध रत्नाकर' (1892) से होता है। इन दो अवधियों की रचनाओं के बीच उनके पत्र और भाषण हैं। अपने इस लेखन के जरिए उन्होंने स्वयं के मुक्तिकामी सफर को कलमबद्ध किया और उनका यह सफर एकांगी न होकर अपने-आप में वृहत्तर समाज की मुक्ति का सफर था। यह हमें यह याद दिलाता है कि हमारे नायक,

नायक के रूप में जन्म नहीं लेते। वे अपनी मानवीयता के साथ, समाज उनके समक्ष जो बाधाएं खड़ी करता है, उन्हें पार कर नायक बनते हैं। सावित्रीबाई फुले की चंद लेकिन बेशकीमती रचनाओं का यह संकलन उज्ज्वला म्हात्रे द्वारा मूल मराठी से हिंदी में बोधगम्य अनुवाद के बिना मुकम्मल नहीं होता। यह दूसरी बार है जब उज्ज्वला ने कठोर श्रम और पूरी निष्ठा से फारवर्ड प्रेस के लिए अनुवाद कार्य किया है। इसके पूर्व उन्होंने 2021 में जोतीराव फुले की कालजयी कृति *गुलामगिरी* का मूल मराठी से हिंदी में अनुवाद किया था। फारवर्ड प्रेस के हिंदी संपादक नवल किशोर कुमार ने तन्मयता से इन अनूदित काव्य रचनाओं का संपादन किया है ताकि उनका निहितार्थ स्पष्ट हो सके। ऐसा करते समय उन्होंने हिंदी भाषी क्षेत्र के पाठकों और उनकी काव्यात्मक सूक्ष्मग्राहिता को ध्यान में रखा है। प्रोफेसर हरी नरके ने कृपापूर्वक अपने एक पूर्व प्रकाशित लेख को इस पुस्तक की भूमिका के रूप में हिस्सा बनाने की अनुमति प्रदान की है। इस लेख का अमरीश हरदेनिया ने मूल अंग्रेजी से निपुणता से हिंदी अनुवाद किया है। यह शोध आधारित लेख हमें संघर्ष की उस भट्ठी के बारे में बताता है, जिसमें सावित्रीबाई फुले का अधिकांश जीवन गुजरा और जिसमें तप कर ये रचनाएं निकलीं।

– प्रकाशक

अनुवादकीय

सावित्रीबाई फुले के समग्र साहित्य और उसमें शामिल जोतीराव फुले के भाषणों का अनुवाद करते हुए मुझे गर्व की अनुभूति हुई, क्योंकि यह एक महान विरासत है, जिसे हमें ज्यादा से ज्यादा लोगों तक पहुंचाना चाहिए। मराठी में होने के कारण इसकी पहुंच सीमित रही है। इस अनुवाद के द्वारा कम-से-कम उत्तर भारत और एक हद तक मध्य भारत के जो हिंदी भाषी प्रदेश हैं, वहां के लोगों तक यह क्रांतिकारी साहित्य और उसका संदेश पहुंचेगा, यह सोचकर खुशी होती है।

अनुवाद करते समय अनेक चुनौतियों का सामना करना पड़ा। मराठी भाषा के कुछ पुराने शब्द इतने कठिन थे कि उनका निहितार्थ समझने के लिए मुझे अनेक स्रोतों को खंगालना पड़ा। साथ ही बिना टिप्पणी वाली कुछ ऐतिहासिक घटनाओं को समझने के लिए इतिहास के पन्ने पलटने पड़े। गद्य का अनुवाद तुलनात्मक रूप से आसान होता है। पद्य या काव्य का अनुवाद करते हुए एक नया सृजन करना पड़ता है। अर्थ के साथ मूल रचना की लय को भी ध्यान में रखना पड़ता है।

मुझे अनुवाद करने का यह मौका देने के लिए मैं फारवर्ड प्रेस के प्रति आभारी हूं। साथ ही मैं शर्मिला रेगे (दिवंगत) को याद करना चाहती हूं, जिन्होंने खुद बहुत बीमार होते हुए भी स्त्रियों और दलितों के विमर्श को जिंदा रखा और फारवर्ड प्रेस से मेरा परिचय कराया। मेरी अनुवादक सहेलियों ने भी अपना काम किनारे रखकर मुश्किल शब्दों तथा संदर्भों की खोज करने में मेरी मदद की।

तमाम मुश्किलों के बावजूद यह एहसास कि स्त्रियों, दलितों एवं तमाम उत्पीड़ित लोगों की गुलामी को खत्म करने के संघर्ष – सागर में यह हमारा

एक बूंद का इजाफ़ा है – सतत प्रेरणा देता रहा।

उम्मीद है पाठक अनजाने में हुई त्रुटियों को माफ करके पहली स्त्री शिक्षिका के क्रांतिकारी विचारों से प्रेरित होंगे।

– उज्ज्वला म्हात्रे

ज्ञान ज्योति सावित्रीबाई फुले

प्रो. हरी नरके

'जोतीराव से भी अधिक प्रशंसा की पात्र उनकी पत्नी हैं। उनकी जितनी तारीफ की जाय, कम ही होगी। उनकी महानता के वर्णन के लिए हम कौन-से शब्द चुनें। उन्होंने अपने पति को उनके हर काम में हर संभव सहयोग किया और दोनों ने मिलकर उन सभी मुसीबतों का सामना किया जो उनकी राहों में आईं। उच्च जातियों की सुशिक्षित महिलाओं में भी इतनी त्यागी महिला का मिलना मुश्किल है। फुले दंपति ने आजीवन आम लोगों की सेवा की।'"

- नारायण महादेव उर्फ़ मामा परमानंद
(31 जुलाई, 1890)

भारत के सामाजिक और शैक्षणिक इतिहास में महात्मा जोतीराव फुले और उनकी पत्नी सावित्रीबाई एक असाधारण दंपत्ति के रूप में सामने आते हैं। वे पुरुषों और महिलाओं के बीच समानता और सामाजिक न्याय की स्थापना के लिए आंदोलन खड़ा करने के संघर्ष में पूरी ताकत से जुटे रहे। उन्हें अहसास था कि ज्ञान ही शक्ति है और शिक्षा के बिना महिलाओं और दलित-बहुजनों की प्रगति संभव नहीं है। उन्हें देश में लड़कियों के लिए पहला स्कूल और भारतीयों द्वारा संचालित पहला पुस्तकालय स्थापित करने श्रेय प्राप्त है। उन्होंने 1854-55 में ही 'साक्षरता मिशन' की शुरुआत कर दी थी। उन्होंने शोषित, गर्भवती ब्राह्मण विधवाओं को सुरक्षा प्रदान करने और उनके बच्चों की देखभाल के लिए 1863 में अपने घर में 'शिशु हत्या निवारण गृह' की स्थापना की। सत्यशोधक समाज का गठन कर उन्होंने सत्यशोधक विवाह की परंपरा शुरू की। इस विवाह में दहेज़ के लिए कोई स्थान न था और इसमें न्यूनतम व्यय होता था। अपने घर के कुंए को अछूतों के लिए खोलकर उन्होंने जाति प्रथा के विरोध का कार्यक्रम शुरू किया। जोतीराव और सावित्रीबाई ने बाल विवाह की

खिलाफत तो की ही, उन्होंने विधवाओं के पुनर्विवाह भी करवाए। फुले दंपत्ति संतानहीन थे, लेकिन उन्होंने एक ब्राह्मण विधवा के लड़के को गोद लिया, उसे चिकित्सा विज्ञान की शिक्षा दिलवाई और उसका अंतरजातीय विवाह किया।

फुले दंपत्ति ने महिलाओं, शूद्रों और अतिशूद्रों का एक सामाजिक, सांस्कृतिक और शैक्षणिक आंदोलन निर्मित किया, जो अपने आप में क्रांतिकारी और व्यापक स्तर पर प्रभावकारी था। उनका यह ऐतिहासिक योगदान था। द *पूना आब्जर्वर एंड डेक्कन वीकली* में एक पत्रकार, जिसका नाम हम नहीं जानते, ने लिखा, "यह कार्य हिंदू संस्कृति के इतिहास में एक नए युग का सूत्रपात है।" फुले दंपत्ति ने एक नए क्रांतिकारी युग की शुरुआत की।

स्वतंत्रता के पूर्व काल में बहस का एक स्थायी विषय यह था कि हमें सामाजिक सुधार को प्राथमिकता देनी चाहिए या राजनैतिक सुधार को। चूंकि अंग्रेजों के रूप में हमें अपना शत्रु सहज दृश्य था, इसलिए हमने राजनीतिक स्वतंत्रता हासिल करने को प्राथमिकता दी। लोगों को ऐसा लगता था कि स्वतंत्रता मिलने के साथ ही हमारी सामाजिक समस्याएं अपने-आप हो जाएंगीं। लेकिन जैसे-जैसे समय गुज़रता गया, यह आशा धुंधली पड़ने लगी और इसी मोहभंग ने सामाजिक आंदोलनों को गति दी। सामाजिक न्याय की स्थापना के लिए विभिन्न क्षेत्रों में आंदोलन प्रारंभ करने वालों को अहसास हुआ कि सामाजिक-सांस्कृतिक सुधार के लिए जोतीराव-सावित्रीबाई का एजेंडा उनके लिए पथ-प्रदर्शक बन सकता है। लोगों ने फुले, शाहूजी महाराज और आंबेडकर के जीवन, कार्यों और विचारों में विशेष रूचि लेनी शुरू कर दी, क्योंकि उन्हें यह समझ में आया कि इन तीनों के विचार, विश्लेषण और चिंतन आज भी प्रासंगिक और उपयोगी हैं।

जोतीराव और सावित्रीबाई पर मराठी में अब तक 200 से अधिक पुस्तकें लिखी जा चुकी हैं। मराठी के अलावा, हिंदी, अंग्रेजी, तेलुगू, कन्नड़, पंजाबी, उर्दू, सिंधी और गुजराती भाषाओं में भी उनके ऊपर किताबें प्रकाशित हैं। इनमें से करीब 40 किताबें सावित्रीबाई पर केंद्रित हैं। अगर इनमें से हम ऐसी पुस्तकों की बात करें जो गैर-साहित्यिक और अकादमिक हैं, तो 1939 में शांताबाई रघुनाथराव बनकर द्वारा लिखित *सावित्रीबाई जोतीराव फुले यांचें अल्प चरित्र* और 1966 में फुलवंताबाई झोडगे द्वारा लिखित *क्रन्तिदेवता साध्वी सावित्रीबाई फुले* सबसे महत्वपूर्ण जान पड़ती हैं। इन दोनों लेखकों के नक्शेकदम पर

चलते हुए डॉ एम.जी. माळी ने *क्रन्तिज्योती सावित्रीबाई फुले* शीर्षक से 1980 में सावित्रीबाई की जीवनी लिखी। फिर सन् 1982 में डॉ के.पी. देशपांडे की पुस्तक *अग्निफुले* प्रकाशित हुई। इसके बाद जितनी भी पुस्तकें सामने आईं, वे मुख्यतः इन चारों पर आधारित थीं और उनमें कोई नई जानकारी नहीं थी। यह दुखद है कि आज तक सावित्रीबाई की एक भी समालोचनात्मक जीवनी प्रकाशित नहीं है।

सावित्रीबाई का जन्म 3 जनवरी, 1831 को पुणे-सतारा मार्ग पर स्थित नायगांव में हुआ था, जो शिरवल से करीब 5 और पुणे से करीब 50 किलोमीटर दूर है। वे खंडोजी नेवसे पाटील की सबसे बड़ी पुत्री थीं। सन् 1840 में 10 वर्ष की आयु में उनका विवाह, पुणे में 11 अप्रैल, 1827 को जन्मे जोतीराव से हुआ। विवाह के समय जोतीराव 13 साल के थे।

सरकारी दस्तावेजों से पता चलता है कि विवाह के बाद जोतीराव ने सावित्रीबाई को घर में ही पढ़ना-लिखना सिखाया। 1 मई, 1851 से 30 अप्रैल, 1852 की अवधि की एजुकेशन रिपोर्ट कहती है, "जोतीराव ने अपनी पत्नी को घर पर ही शिक्षित किया और उन्हें अध्यापिका बनने के लिए प्रशिक्षित भी किया।" *बॉम्बे गार्जियन* में 22 नवंबर, 1851 को प्रकाशित एक खबर में कहा गया है कि सावित्रीबाई की आगे की शिक्षा की ज़िम्मेदारी जोतीराव के मित्रों सखाराम यशवंत परांजपे और केशव शिवराम भावलकर (जोशी) ने संभाली। सावित्रीबाई ने सुश्री फरार के अहमदनगर स्थित संस्थान और सुश्री मिशेल के पुणे स्थित नार्मल स्कूल से भी शिक्षक प्रशिक्षण हासिल किया। इन दस्तावेजों के आधार पर हम कह सकते हैं कि सावित्रीबाई फुले देश की प्रथम भारतीय शिक्षिका और प्रधानाध्यापिका रही होंगीं। सावित्रीबाई द्वारा घर की देहरी लांघ कर पठन-पाठन शुरू करना एक प्रकार से आधुनिक भारतीय महिलाओं के सार्वजनिक जीवन में प्रवेश की शुरुआत थी।

हंटर एजुकेशन कमीशन के समक्ष साक्ष्य प्रस्तुत करते हुए, 19 अक्टूबर, 1882 को जोतीराव ने शिक्षा के क्षेत्र में अपने काम का हवाला दिया। उन्होंने कहा, "उस समय वहां लड़कियों के लिए ऐसा कोई स्कूल नहीं था, जिसे 'स्वदेशी' कहा जा सके। इसके चलते मैं ऐसा स्कूल खोलने की ओर प्रेरित हुआ। मेरी पत्नी और मैंने इस स्कूल में कई सालों तक काम किया। एजुकेशन बोर्ड के अध्यक्ष सर अर्सकिन पैरी और शिक्षा विभाग के तत्कालीन सचिव लमडेन, लड़कियों के इस स्कूल में आए और उन दोनों ने शिक्षा के क्षेत्र में

इस नए आंदोलन की शुरुआत पर संतोष व्यक्त किया।"

ज्ञानोदय को 15 सितंबर, 1853 को दिए एक साक्षात्कार में जोतीराव ने कहा, "मुझे पता है कि बच्चा मां से जो कुछ सीखता और जानता है, वह बहुत महत्वपूर्ण और बेहतर होता है। इसलिए, देश का भला चाहने वाले और उसके कल्याण से सरोकार रखने वाले लोग अगर चाहते हैं कि यह देश प्रगति करे तो उन्हें चाहिए कि वे महिलाओं की स्थिति पर अवश्य ध्यान दें और उन्हें शिक्षा प्रदान करने के लिए हरसंभव प्रयास करें। इसी सोच के साथ मैंने सबसे पहले लड़कियों के लिए स्कूल शुरू किया। लेकिन मेरी जाति के बंधुओं को यह अच्छा नहीं लगा कि मैं लड़कियों को शिक्षा प्रदान कर रहा हूं और मेरे पिता ने हमलोगों को घर से निकाल दिया। स्कूल के लिए जगह देने को कोई तैयार नहीं था और ना ही हमारे पास इतने पैसे थे कि हम स्कूल की इमारत खुद बनवा पाते। लोग अपने बच्चों को स्कूल भेजने के इच्छुक भी नहीं थे, लेकिन लाहूजी राघ राउत मांग और रनबा महार ने अपनी जाति के लोगों को यह विश्वास दिलाया कि शिक्षित होने के कई लाभ हैं।"

यह ऐतिहासिक पहल जोतीराव के तब की थी जब वे केवल 21 साल के थे और उनकी पत्नी, जिन्होंने हर तरह से उनका साथ दिया, मात्र 18 वर्ष की थीं। ऊंची जातियों के उकसावे में आकर शूद्र समुदाय, जिसे हजारों सालों से शिक्षा से वंचित रखा गया था, जोतीराव की पहल का विरोध करने लगा और उसे गलत और बुरा बताने लगा। लेकिन अपने लक्ष्य के प्रति दीवाने फुले दंपत्ति ने अपना काम नहीं रोका। यह इसके बावजूद कि उन्हें अपना घर छोड़ना पड़ा। ज़िंदगी चलाने के लिए आवश्यक धनार्जन करने हेतु जोतीराव एक मिशनरी स्कूल में पार्टटाइम अध्यापन करने लगे और शेष समय अपने स्कूल को देने लगे। सावित्रीबाई अपना पूरा समय बिना किसी पारिश्रमिक के स्कूल को देती थीं। उस समय के समाचारपत्रों ने लिखा, "फुले दंपत्ति को अक्सर भोजन करने का समय भी नहीं मिलता।" जोतीराव के आंदोलन को आगे बढ़ाने में उनके ब्राह्मण सहयोगियों के योगदान की चर्चा तो इतिहास में है, लेकिन उनके दलित सहयोगियों की भूमिका को नज़रअंदाज़ कर दिया गया है। सच यह है कि तथाकथित अछूत जातियों, जिन्हें हजारों सालों से शिक्षा से दूर रखा गया था, के सदस्यों के योगदान को क्रांतिकारी माना जाना चाहिए।

जोतीराव और सावित्रीबाई फुले, पुणे में दलित श्रमजीवियों की एक बस्ती में रहते थे। उनके आसपास के सांस्कृतिक वातावरण ने समाज के प्रति उनके

नज़रिए को गढ़ने में अत्यंत महत्वपूर्ण भूमिका अदा की। जोतीराव जब बच्चे थे तब उनके पिता ने एक दकियानूसी ब्राह्मण के कहने पर उनकी पढ़ाई बंद करवा दी थी। लेकिन मुंशी गफ्फार बेग और सर लिजिट ने बालक जोतीराव की मेधा को पहचाना और उनके पिता गोविंदराव को उसकी शिक्षा जारी रखने के लिए राज़ी किया। जोतीराव यह बात कभी नहीं भूले। उन्होंने सन् 1848 में लड़कियों के लिए जो स्कूल खोला, वह दलित और मुस्लिम परिवारों की बच्चियों के लिए था।

ऐसा करने के कारणों का खुलासा करते हुए जोतीराव ने लिखा, "अज्ञानता और जातिगत व भाषा-आधारित भेदभाव इस देश के लिए अभिशाप हैं। जब हम पाते हैं कि हर व्यक्ति दुखी और परेशान है, तब अक्सर यह प्रश्न उठता है कि हम किसकी मदद करें। लेकिन इस दुविधा में फंसकर चुपचाप बैठ जाना ठीक नहीं है। बेहतर यह होगा कि सबसे पहले उनकी मदद की जाय, जो सबसे ज्यादा दुखी हैं। महारों और मांगों को जातिगत भेदभाव के कारण बहुत दुःख भोगने पड़ते हैं। शिक्षा के ज़रिए ही वे अपने कष्टों से मुक्ति पा सकते हैं। इसलिए, मैंने सबसे पहले उनके लिए काम शुरू किया।" जोतीराव को यह यकीन था कि मांगों और महारों को शिक्षित करने से देश का सबसे ज्यादा भला होगा और इसलिए वे इस काम में जुट गए।

एक अच्छे उद्देश्य के लिए अकेले काम करने की बजाय उन्होंने एक 'मंडली' का गठन किया, ताकि उनकी जैसी सोच रखने वाले लोग एक साथ मिलकर काम कर सकें। पिछली एक सदी में देश में उभरे संस्थाओं के जाल ने कई कार्यों को संभव बनाया है। इन संस्थाओं ने ही आधुनिक भारत की नींव डाली। जोतीराव और सावित्रीबाई ने दो संस्थाएं स्थापित कीं – नेटिव फीमेल स्कूल, पुणे और सोसाइटी फॉर प्रोमोटिंग द एजुकेशन ऑफ़ महार्स एंड मांग्स। इन दोनों संस्थाओं के ज़रिए उन्होंने पुणे और उसके आसपास के इलाके में स्कूलों का जाल बिछा दिया।

कुछ अध्येताओं का मानना है कि जोतीराव व सावित्रीबाई ने अपने शैक्षणिक कार्यों की शुरुआत 1851 में की, लेकिन यह सही नहीं लगता। उन्होंने यह काम 1848 में ही शुरू कर दिया था और इसका प्रमाण है *ज्ञानोदय* और *बॉम्बे गार्जियन* में प्रकाशित सामग्री। जोतीराव की मृत्यु के बाद, *ज्ञानोदय* ने 18 दिसंबर, 1890 के अपने अंक के संपादकीय में उनके जीवनवृत्त की चर्चा करने हुए स्पष्ट शब्दों में लिखा कि उन्होंने 1848 में अपना काम शुरू किया

था। *बॉम्बे गार्जियन* ने 22 नवंबर, 1851 के अपने अंक में जोतीराव पर एक विस्तृत आलेख प्रकाशित किया था। इस आलेख में कहा गया था कि, "सदाशिव बल्लाल गोवंडे ने 1848 में अहमदनगर में जज के कार्यालय में काम करना शुरू किया। एक दिन वे अपने मित्र जोतीराव फुले को वहां ले गए। फिर, दोनों एक साथ लड़कियों के लिए सुश्री फरार द्वारा संचालित स्कूल गए। वहां की व्यवस्थाएं देख कर उन्हें बहुत अफ़सोस हुआ कि उनके देश में लड़कियों को शिक्षा नहीं दी जाती। पुणे लौटने के बाद फुले ने इस मामले में कुछ करने की अपनी योजना पर अपने दोस्तों से चर्चा की। उन्होंने अपनी पत्नी को प्रशिक्षित किया और स्कूल शुरू कर दिया। फिर उन्होंने महारों और मांगों के लिए स्कूल खोला। लेकिन इसके छह महीने के भीतर उनके ऊपर मुसीबतों का पहाड़ टूट पड़ा। उनके पिता ने अन्य लोगों की बातों में आकर उन्हें घर से निकाल दिया और नतीजतन स्कूल का काम ठप्प पड़ गया। गोवंडे पुणे आए और सावित्रीबाई को अपने साथ नागर ले गए। सावित्रीबाई बरसात शुरू होने के बाद लौटीं। फिर केशव शिवराम भावलकर ने उन्हें शिक्षित करने की ज़िम्मेदारी अपने ऊपर ली। यह भी तय किया गया कि युवा महिलाओं के लिए प्रशिक्षण कक्षाएं शुरू की जाएं ताकि आगे चलकर वे स्कूलों में पढ़ा सकें। भावलकर ने ऐसी महिलाओं को इकट्ठा कर उन्हें प्रशिक्षित करने के लिए कोशिशें शुरू कर दीं।"

इस तरह, अगस्त 1848 में जो काम शुरू हुआ था, वह कुछ समय तक थमा रहा और 1851 में पुनः प्रारंभ हुआ।

मुंबई के अभिलेखागार में दिनांक 5 फरवरी, 1852 का वह आवेदन पत्र उपलब्ध है, जिसमें जोतीराव ने अपनी शैक्षणिक संस्थाओं के संचालन के लिए सरकार से आर्थिक मदद प्रदान करने हेतु अनुरोध किया है। इसी आवेदन की एक अन्य प्रति के साथ पूना कॉलेज के प्राचार्य मेजर कैंडी का अनुशंसा पत्र भी संलग्न है। इसके अनुसार, लड़कियों के लिए पहले तीन स्कूल 3 जुलाई, 1851 को चिपलूणकर वाड़ा, 17 नवम्बर, 1851 को रास्ता पेठ और 15 मार्च, 1852 को वेताल पेठ में शुरू किये गए। इन स्कूलों में क्रमशः चार, तीन और एक शिक्षक और 48, 51 और 33 लड़कियां थीं। सावित्रीबाई फुले इनमें से पहले स्कूल की प्रधानाध्यापिका थीं और उनके साथ विष्णुपंत मोरेश्वर और विट्ठल भास्कर बच्चियों को पढ़ाते थे। पहले दिन स्कूल में आठ लड़कियों ने दाखिला लिया और जल्दी ही उनकी संख्या 48 हो गई।

इंस्पेक्टर ऑफ़ स्कूल्स दादोबा पांडुरंग ने 16 अक्टूबर, 1851 को स्कूल का निरीक्षण किया और लड़कियों की परीक्षा ली। यद्यपि स्कूल शुरू हुए बहुत वक्त नहीं गुज़रा था, लेकिन लड़कियों ने उल्लेखनीय प्रगति की थी। इन स्कूलों का पहला सालाना इम्तिहान 17 फरवरी, 1852 को और दूसरा 12 फरवरी, 1853 को पूना कॉलेज में हुआ। इन रपटों में कहा गया है कि परीक्षा की प्रक्रिया देखने के लिए कॉलेज में जबरदस्त भीड़ जुटी। करीब तीन हजार लोग तो कॉलेज के प्रांगण में ही जमा थे और उनसे भी ज्यादा बाहर खड़े हुए थे। कुल 237 लड़कियों ने परीक्षा दी। संस्था के वार्षिक लेखों का ऑडिट हुआ। संस्था को कुल मिलाकर 1,947 रुपए और पचास पैसे दान और संस्था के संचालकों के सौजन्य से प्राप्त हुए थे। सरकार के दक्षिणा प्राइज फंड से 900 रुपए की सहायता भी मिली थी। जोतीराव-सावित्रीबाई सार्वजनिक धन की एक-एक पाई का हिसाब समय पर जनता के सामने प्रस्तुत करने में यकीन रखते थे।

अछूतों के लिए स्कूलों की परीक्षा 2 फरवरी, 1858 को बाबाजी मानाजी की कोच फैक्ट्री में आयोजित की गई। इसकी विस्तृत रिपोर्ट अभिलेखागार में उपलब्ध है। इसके पहले, 28 अगस्त, 1856 को परीक्षा आयोजित की गई थी। तब तक संस्था तीन स्कूल शुरू कर चुकी थी। यद्यपि उसकी इच्छा और स्कूल खोलने की थी, परंतु 1857 के विद्रोह के बाद यूरोपियनों ने अनुदान घटा दिया, जिससे संस्था आर्थिक संकट में फंस गई। सरकार हर साल तीन सौ रुपए दक्षिणा प्राइज कमेटी की ओर से देती थी। इसके अलावा, स्कूल के भवन कोष के लिए पांच हजार रुपए स्वीकृत किये गए थे। रपट में इस बात पर अफ़सोस जाहिर किया गया है कि अछूत वर्गों ने शिक्षा हासिल करने का मन बनाया ही था कि स्कूल में ताले लगाने की नौबत आ गई। इन तीनों स्कूलों में कुल 258 विद्यार्थी थे। जोतीराव के सहयोगी गानु शिवाजी मांग और धुराजी अप्पाजी चाम्भर भी इन स्कूलों में अध्यापक के रूप में काम करने थे। सरकार को पत्र में संस्था के एक पदाधिकारी ने लिखा, “हम अध्यापकों को अच्छा वेतन नहीं दे पाते, क्योंकि संस्था की माली हालत ठीक नहीं है। ऐसे में अध्यापक हमारे स्कूल छोड़कर ऐसे स्कूलों में चले जाते हैं, जहां उन्हें बेहतर वेतन उपलब्ध है। अध्यापकों के इस तरह अचानक काम छोड़ने से स्कूल का नुकसान होता है। स्कूल की प्रधानाध्यापिका सावित्रीबाई ने उदारतापूर्वक यह तय किया है कि वे अपना जीवन स्त्री शिक्षा में सुधार को समर्पित कर देंगीं। वे बिना किसी पारिश्रमिक के काम करतीं हैं। हमें आशा है कि ज्ञान और जानकारी

के प्रसार के साथ, लोग स्त्री शिक्षा के लाभों को समझने लगेंगे।"

एजुकेशन बोर्ड के अध्यक्ष माननीय जॉन वार्डन ने एक सार्वजनिक कार्यक्रम में बोलते हुए कहा, "सन् 1851 में पुणे का कमिश्नर बनने के बाद मैं वहां लड़कियों के एक स्कूल में गया। स्कूल को देखकर मुझे स्मरण हो आया कि ईसाई पहले किस तरह स्कूल चलाते थे। यहूदियों के भय से उन्हें स्कूलों की ऊपरी मंजिलों के दरवाज़े बंद रखने पड़ते थे। इस स्कूल की अध्यापिका एक माली की पत्नी थी। इस आदमी ने अपनी पत्नी को पढ़ाया-लिखाया था ताकि वह उसके देशवासियों के उत्थान में उपयोगी सिद्ध हो सके और उन्हें उनकी दयनीय जहालत से बाहर ला सके। मैंने उससे अनुरोध किया कि वह मेरी उपस्थिति में लड़कियों से कुछ प्रश्न पूछे। वहां कुछ युवा विवाहित महिलाओं को प्रशिक्षण भी दिया जा रहा था।"

जोतीराव-सावित्रीबाई के प्रयास भरपूर रंग लाए। ऊंची जातियों के विद्यार्थियों के लिए जो सरकारी स्कूल थे उनमें से एक ने *पूना आब्जर्वर* को 29 मई, 1852 को लिखा, "जोतीराव के स्कूल में लड़कियों की संख्या, सरकारी स्कूलों में पढ़ रहे लड़कों से दस गुना ज्यादा है। इसका कारण यह है कि इन स्कूलों में लड़कियों की शिक्षण प्रणाली, सरकारी स्कूलों में लड़कों की शिक्षण के प्रणाली से कहीं बेहतर है। अगर ऐसा ही चलता रहा तो जोतीराव के स्कूलों की लड़कियां, सरकारी स्कूलों के लड़कों से बहुत बेहतर हो जाएंगीं व आने वाले इम्तिहानों में उन पर जीत हासिल लेंगीं। अगर गवर्नमेंट एजुकेशन बोर्ड इस बारे में जल्दी ही कुछ नहीं करता है तो ये महिलाएं, पुरुषों को मात दे देंगीं और हमारा सिर शर्म से झुक जाएगा।"

जोतीराव जो काम कर रहे थे, उसके ऐतिहासिक महत्व के मद्देनजर, 16 नवंबर, 1852 को ब्रिटिश सरकार ने विश्रामबाग वाड़ा में आयोजित एक विशाल कार्यक्रम में उनका सार्वजनिक अभिनंदन किया। लेकिन दकियानूसी तबकों को यह पसंद नहीं आया। वे नाखुश थे कि जोतीराव जैसे एक शूद्र को 'महावस्त्र' (किसी सम्मानीय व्यक्ति को दिया जाने वाला शॉल) भेंट कर सम्मानित किया गया।

जोतीराव और सावित्रीबाई का जोर लड़कियों और लड़कों को ऐसी शिक्षा देने पर था, जो हुनर और व्यावसायिक दक्षता पर केंद्रित हो ताकि वे आत्मनिर्भर और स्वतंत्र रूप से विचार करने के योग्य बन सकें। सन् 1852 की एक रपट में उन्होंने कहा, "स्कूलों में एक औद्योगिक विभाग होना चाहिए, जहां बच्चे

उपयोगी ट्रेड और शिल्प सीख सकें ताकि स्कूल छोड़ने के बाद वे अपने जीवन स्वतंत्रतापूर्वक और आराम से गुज़ार सकें।" उन्होंने इस तरह की प्रणाली विकसित भी की।

उस समय 'ड्राप आउट्स' (बीच में स्कूल छोड़ने वालों) की समस्या आज से कहीं अधिक गंभीर थी। उन्होंने इस समस्या के निराकरण के व्यावहारिक और साध्य समाधान ढूंढे। उन्हें समझ में आया कि ड्राप आउट्स की समस्या का प्रमुख कारण है– गरीबी और शिक्षा में अरुचि। अतः उन्होंने विद्यार्थियों को 'वेतन' देने की व्यवस्था की और ऐसा पाठ्यक्रम बनाया जो समाज के निर्धन वर्गों के लड़कों और लड़कियों की रुचियों और हितों के अनुकूल था। उन्होंने दलित-बहुजनों के लिए जागरूकता अभियान चलाया, जिसके तहत उन्हें यह समझाया गया कि शिक्षा हासिल करने के क्या लाभ हैं और उससे किस तरह की ख़ुशी मिलती है। उन्होंने बच्चों के अभिवावकों के लिए भी साक्षरता अभियान चलाया। इस तरह उन्होंने शिक्षा की एक ऐसी परियोजना बनाई जो समग्र थी। जोतीराव ने ड्राप आउट्स के कारणों जैसे 'जात्रा-खेत्रा' (मेले और तीर्थाटन), जाति पंचायतें, अंधविश्वास और गरीबी से निपटने के लिए जो तरीके अपनाए, वे आज भी हमें रास्ता दिखा सकते हैं। महाराष्ट्र सरकार ने हाल में आदिवासी लड़कों और लड़कियों को बीच में स्कूल छोड़ने से रोकने के लिया 'अटेंडेंस अलाउंस' (हाजिरी भत्ता) की योजना शुरू की है।

जोतिबा और सावित्रीबाई का मानना था कि "शिक्षा से व्यक्ति में सही और गलत और सत्य और असत्य के बीच भेद करने की क्षमता विकसित होनी चाहिए।" उन्होंने बच्चों की रचनात्मकता को खिलने के पर्याप्त अवसर भी प्रदान किये। इस मामले में भी उन्हें उल्लेखनीय सफलता हासिल हुई। उनके स्कूल की एक छोटी सी लड़की जब अपना पुरस्कार लेने मंच पर गई तब उसने मुख्य अतिथि से कहा, "सर, मुझे इनाम में खिलौने या कोई दूसरा उपहार नहीं चाहिए। मुझे तो अपने स्कूल के लिए लाइब्रेरी चाहिए।" उस बच्ची के माता-पिता को 'शिकायत' थी कि वह रोज़ आधी रात तक पढ़ाई में डूबी रहती है। सरकारी इंस्पेक्टरों ने स्कूल के स्वच्छ और स्वास्थ्यप्रद वातावरण के साथ-साथ इस बात की भी सराहना की कि स्कूल में स्वरुचि और रचनात्मकता को बढ़ावा दिया जा रहा है और चरित्र निर्माण पर जोर दिया जा रहा है।

सावित्रीबाई की मुक्ता नाम की एक मतंग छात्रा ने 1855 में, जब वह मात्र 14 साल की थी, एक आत्मकथात्मक लेख लिखा था। यह लेख इतना

महत्वपूर्ण है कि इसे मराठी साहित्य के इतिहास में मील का पत्थर माना जा सकता है। इसे हम दलित साहित्य लेखन की शुरुआत मान सकते हैं। मुक्ता ने लिखा, "ये लाडूखाऊ (लड्डू खाने वाले) ब्राह्मण कहते हैं कि वेद केवल उनके हैं। जो ब्राह्मण नहीं हैं, उन्हें वेदों का अध्ययन करने का अधिकार नहीं है। क्या इससे यह साबित नहीं होता कि हम लोग बिना धर्म वाले हैं, चूंकि हमें धार्मिक ग्रंथों को देखने का अवसर भी नहीं मिलता? हे ईश्वर, हमें बताओ कि हमें तुम्हारे किस धर्म का पालन करना चाहिए ताकि हम वैसा इंतजाम कर सकें।" जब इस लड़की ने *ज्ञानोदय* के संपादक को यह लेख पढ़कर सुनाया तो वे लेख के क्रांतिकारी कथ्य को सुनकर अत्यंत चकित और उतने ही प्रभावित हुए। उन्होंने अहमदनगर से प्रकाशित अपने अख़बार में इसे दो हिस्सों में छापा – 15 फरवरी और 1 मार्च, 1855 को। इस लेख को मुंबई प्रेसीडेंसी की सरकार द्वारा उस साल की एजुकेशन रिपोर्ट में शामिल किया गया। एन.वी. जोशी ने 1868 में प्रकाशित अपनी किताब *पुणे शहराचे वर्णन* (पुणे शहर का वर्णन) में भी इस लेख को शामिल किया।

समाज के कटु विरोध और उनके साथ अपमानजनक व्यवहार के बावजूद सावित्रीबाई शांतिपूर्वक अपना काम करती रहीं। उन्हें अपमानित करने की नीयत से पुरुष उस रास्ते, जिससे वे स्कूल आना-जाना करतीं थीं, पर खड़े हो जाते और जब वे गुज़रतीं तब उनके ऊपर अश्लील फब्तियां कसते। कभी-कभार वे उनके ऊपर पत्थर फेंकते और गोबर व मिट्टी भी। सावित्रीबाई स्कूल जाते समय अपने साथ दो साड़ियां रखतीं थीं। जिस साड़ी को पहन कर वे जातीं थीं, उसे स्कूल पहुंचने पर बदल लेतीं थीं और लौटते समय वह साफ़ साड़ी भी मैली हो जाती थी। जब यह दुर्व्यवहार जारी रहा तो स्कूल ने उनकी और बच्चियों की सुरक्षा के लिखे एक चौकीदार नियुक्त किया। बलवंत सखाराम कोल्हे के संस्मरणों के अनुसार, उन्हें परेशान करने वालों के लिए सावित्रीबाई के पास एक ही जवाब रहता था– "मैं अपनी साथी बहनों को पढ़ाने का पवित्र काम कर रही हूं। ऐसे में तुम जो पत्थर या गोबर मुझ पर फेंकते हो, वह मुझे फूल जैसा लगता है। भगवान तुम्हारा भला करे।" बलवंत सखाराम कोल्हे के इन संस्मरणों से पता चलता है कि सावित्रीबाई कितनी साहसी थीं।

सावित्रीबाई-जोतीराव द्वारा 1863 में शुरू किये गए 'शिशु हत्या निवारण गृह' के बारे में ठीक-ठीक जानकारी अभी हाल में ही उपलब्ध हुई है। यह महत्वपूर्ण है कि यह गृह केवल ब्राह्मण विधवाओं के लिए खोला गया था और

इसकी पहल सावित्रीबाई ने की थी। इस गृह के बारे में सारी जानकारी जोतीराव फुले द्वारा मुंबई सरकार के अंडर सेक्रेटरी को 4 जून, 1884 को लिखे गए पत्र से मिलती है।

काशीबाई नाम की एक युवा ब्राह्मण विधवा, जोतीराव के ब्राह्मण मित्र गोवंडे के घर रसोई पकाने का काम करती थी। विधवा काशीबाई एक सम्मानित परिवार की इज्ज़तदार, युवा और सुंदर महिला थी। वह बहुत निर्धन थी। पड़ोस के एक धूर्त शास्त्री ने इस निरक्षर महिला के भोलेपन का अनुचित लाभ उठाया, जिसके नतीजे में वह गर्भवती हो गई। गर्भपात करवाने के सारे प्रयास असफल हो गए और उसने एक सुंदर बच्चे को जन्म दिया। काशीबाई उलझन में फंस गई। इस डर से कि समाज उसे बच्चे के साथ जीने नहीं देगा, उसने मासूम शिशु का गला काट कर उसकी हत्या कर दी और शव को गोवंडे के बाड़े के कुएं में फ़ेंक दिया। शव कुएं से बरामद हुआ और पुलिस ने काशीबाई पर हत्या का मामला दर्ज कर लिया। बाद में काशीबाई को अंडमान में आजीवन कारावास की सजा दी गई। यह घटना 1863 में हुई थी और यह पहली बार था कि किसी महिला को इतनी कड़ी सजा दी गई हो।

इस मुकदमे और उसके परिणाम ने सावित्रीबाई और जोतीराव की काफी परेशान और दुखी कर दिया। उन दिनों उनकी आमदनी सीमित थी। उन्हें अपना खर्च चलाना मुश्किल हो रहा था। लेकिन उनके ह्रदय करुणा और उदारता से परिपूर्ण थे। उन्होंने बिना देरी किये काशीबाई जैसी महिलाओं के लिए अपने घर 395, गंज पेठ, पुणे में आश्रय गृह शुरू किया। उस समय इस मुकदमे की चर्चा पूरे देश में थी। लेकिन जहां बाकी लोग केवल जुबानी सहानुभूति व्यक्त करने में व्यस्त थे, जोतीराव और सावित्रीबाई ने इन शोषित विधवाओं की वास्तविक रूप से मदद करनी शुरू की। यह था अन्यों और उनमें फर्क। उन्होंने पूरे शहर में और तीर्थस्थलों पर पर्चे चिपकवाए, जिनमें "कालापानी से बचने" का उपाय बताया गया था। इस तरह, आश्रय गृह का प्रचार हुआ। सन 1884 तक अलग-अलग स्थानों से 35 ब्राह्मण विधवाएं वहां आ चुकी थीं। सावित्रीबाई उनके प्रसव में मदद करतीं और नवजात शिशुओं की देखभाल भी करतीं थीं।

सन् 1874 में एक और शोषित-पीड़ित 'काशीबाई' उनके पास आई। उन्होंने उसके लड़के को गोद ले लिया और उसे पढ़ा-लिखाकर डॉक्टर बनाया। बड़ा होकर उसने भी अपने पालक माता-पिता का काम आगे बढाया। जोतीराव

ने 19 जुलाई, 1887 को अपनी वसीयत लिखी और उसे उपनिबंधक (उप पंजीयक) के कार्यालय में पंजीकृत करवाया। इस वसीयत में जोतीराव ने गर्व से लिखा कि सावित्रीबाई इन सब महिलाओं की अपनी पुत्रियों की तरह देखभाल करेंगी।

दीनबंधु के संपादक और मेहनतकश जनता के नेता नारायण मेघाजी लोखंडे ने ब्राह्मण विधवाओं का मुंडन करने की प्रथा को बंद करवाने के लिए नाइयों को संगठित किया और उनकी हड़ताल करवाई। सावित्रीबाई ही लोखंडे की प्रेरणास्रोत थीं। नाइयों की इस ऐतिहासिक हड़ताल की खबर द *टाइम्स* ने 9 अप्रैल, 1890 को प्रकाशित की और इंग्लैंड की कुछ महिलाओं ने इस प्रयास के लिए बधाई देते हुए पत्र भी लिखे।

सन् 1877 में महाराष्ट्र में भीषण सूखा पड़ा। सावित्रीबाई और जोतीराव, जो हर मुसीबतजदा व्यक्ति की मदद करने को हमेशा तत्पर रहते थे, भला इस परिस्थिति में चुप कैसे बैठ सकते थे। उन्होंने गांव-गांव जाकर सूखा पीड़ितों की मदद के लिए धन इकट्ठा किया। उन्होंने डॉ. शिवप्पा जैसे मित्रों की मदद से धनकावाड़ी में 'विक्टोरिया बालाश्रम' शुरू किया, जहां हर रोज़ एक हज़ार गरीबों और ज़रूरतमंदो को खाना खिलाया जाता था। खाना पकाने का काम सावित्रीबाई अपने मित्रों की मदद से स्वयं किया करतीं थीं। उस समय, महाराष्ट्र के 'युगांतरकारी चिंतक' विष्णुशास्त्री चिपलूणकर, मराठी भाषा के व्याकरण में आ रही गिरावट पर चिंता व्यक्त करते हुए लेख लिखने में व्यस्त थे।

जोतीराव और सावित्रीबाई अपने घर में एक हॉस्टल भी चलाते थे, जहां दूरस्थ स्थानों से आकर छात्र रहते और पढ़ाई करते थे। मुंबई के लक्ष्मण कराडी जाया ने इसी हॉस्टल में रह कर पढ़ाई की और सावित्रीबाई के मातृ सदृश प्रेम और देखभाल का अनुभव किया। अपने संस्मरणों में वे लिखते हैं, "मैंने सावित्रीबाई जैसी दयालु और स्नेही कोई दूसरी महिला नहीं देखा। उन्होंने हमें इतना प्यार दिया जितना कोई सगी मां भी शायद ही दे सकती थी।"

एक अन्य विद्यार्थी ने भी अपने संस्मरणों में सावित्रीबाई के स्वभाव, उनकी अत्यंत साधारण जीवनशैली और उनके और जोतीराव के बीच असीम प्रेम का मर्मस्पर्शी विवरण अपने संस्मरणों में किया है। महाडू सहाडू वाघोले नामक इस विद्यार्थी ने लिखा, "सावित्रीबाई अत्यंत उदारमना थीं और उनका मन दयाभाव से भरा हुआ था। वे ज़रुरतमंदों और गरीबों के प्रति असीम करुणा

रखतीं थीं। वे सबको भोजन करवातीं थीं। अगर वे किसी गरीब महिला के शरीर पर फटे वस्त्र देखतीं तो अपने घर से उसे साड़ी दे देतीं। इस कारण परिवार का खर्च बढ़ने लगा। कभी-कभी तात्या (जोतीराव) उनसे कहते, 'हमें इतना खर्च नहीं करना चाहिए।' इस पर, वे मुस्कुरा कर पूछतीं, 'क्या हमें मरने के बाद कुछ साथ लेकर जाना है?' इसके बाद तात्या कुछ समय के लिए चुप हो जाते, क्योंकि उनके पास इस प्रश्न का कोई उत्तर नहीं होता था। दोनों में अद्भुत प्रेम था।"

महिलाओं का उत्थान और बेहतरी, सावित्रीबाई के अत्यंत महत्वपूर्ण सरोकारों में शामिल था। वे सुदर्शन और माध्यम कद-काठी की थीं। वे हमेशा शांतचित्त और प्रसन्न रहती थीं तथा उनका स्वभाव देखकर ऐसा लगता था मानो गुस्सा उनके लिए पूरी तरह अजनबी था। उन्हें सब लोग काकू (पिता की बहन) कह कर पुकारते थे। जब भी उनके घर मेहमान आते, वे बहुत खुश होतीं और उनके लिए स्वयं पकवान बनातीं। जोतीराव अपनी पत्नी का कितना सम्मान करते थे, यह उन विशेषणों से जाहिर है, जो वे सावित्रीबाई के लिए प्रयोग करते हैं। सावित्रीबाई उन्हें तात्या 'शेटाजी' कह कर पुकारतीं थीं। दोनों के बीच सच्चा प्रेम था। जोतीराव कभी ऐसा कोई काम नहीं करते थे, जो सावित्रीबाई को मंज़ूर न हो।

सावित्रीबाई दूरदर्शी थीं और उनकी सोच स्पष्ट थी। उनके परिजन और परिचित उनका बहुत सम्मान करते थे। चूंकि वे लड़कियों के स्कूल में अध्यापिका के रूप में काम कर चुकी थीं, इसलिए नव-शिक्षित महिलाओं के बीच भी उनका बड़ा सम्मान था। जो भी महिलाएं या लड़कियां उनसे मिलने आतीं, वे उन्हें हमेशा उपयुक्त सलाह देतीं। पुणे की कई सुशिक्षित महिलाएं जैसे पंडिता रमाबाई, आनंदीबाई जोशी एवं रमाबाई रानाडे उनसे मिलने आया करतीं थीं।

तात्या की तरह, सावित्रीबाई की वेशभूषा भी अत्यंत साधारण हुआ करती थी। वे एक मंगलसूत्र के सिवा कोई गहना नहीं पहनती थीं। उनके गले में पोत (काले धागे या काले मानकों की माला) रहती थी और माथे पर बड़ा सा कुमकुम। वे घर की साफ़-सफाई और नहाने-धोने का काम सूर्योदय से पूर्व ही ख़त्म कर लेती थीं। उनका घर हमेशा साफ़-सुथरा रहता था। बैठक में धूल का एक कण भी उन्हें बर्दाश्त न था। घर के बर्तन हमेशा चमकते रहते थे और करीने से रखे रहते थे। वे खाना खुद पकातीं और तात्या के भोजन व स्वास्थ्य

का पूरा ध्यान रखती थीं।

यह विवरण एक ऐसे व्यक्ति का है, जो फुले दंपत्ति के साथ रहा था। सावित्रीबाई का कोई भी काल्पनिक विवरण इस प्रामाणिक दस्तावेज से अधिक प्रभावी नहीं हो सकता। इससे पता चलता है कि यह क्रांतिकारी महिला किस तरह एक साधारण गृहणी जैसा जीवन जीती थी।

सत्यशोधक समाज की स्थापना 24 सितंबर, 1873 को हुई थी और सावित्रीबाई इस संस्था की अत्यंत समर्पित और उत्साही कार्यकर्ता थीं। समाज ने बिना पंडित, बिना दहेज़ और कम-स-कम खर्च में विवाह आयोजित करने का कार्यक्रम शुरू किया। ऐसा पहला आयोजन 25 दिसंबर, 1873 को हुआ। आगे चलकर यह आयोजन राष्ट्रीय आकार लेते हुए पूरे भारत में फैल गया। समाज की पहली रिपोर्ट गर्व से बताती है कि इस रचनात्मक विद्रोह के पीछे जो क्रांतिकारी पहल थी, उसका उद्देश्य सदियों पुरानी धार्मिक परंपराओं को ख़ारिज करना था। सावित्रीबाई की मित्र बाजुबाई ज्ञानोबा निम्बंकर और सामाजिक कार्यकर्ता सीताराम जाबाजी आल्हत की पुत्री राधा का विवाह पहला 'सत्यशोधक विवाह' था। इस ऐतिहासिक समारोह का पूरा खर्च सावित्रीबाई ने उठाया।

विवाह की यह विधि, जो पंजीकृत विवाह के तरह ही है, अब भी देश के कई भागों में प्रचलित है। इस तरह के विवाहों के विरोध में पूरे देश के पंडित और भट्टजी (ब्राह्मण) उठ खड़े हुए तथा वे इस मामले को अदालत में भी ले गए। सावित्रीबाई और जोतीराव को बड़ी-बड़ी अनेक मुसीबतों का सामना करना पड़ा, लेकिन वे अपनी राह से नहीं डिगे। अपने दत्तक पुत्र यशवंत का विवाह उन्होंने 4 फरवरी, 1889 को सत्यशोधक समाज के नेता ज्ञानोबा कृष्णाजी ससाने की बेटी राधा उर्फ़ लक्ष्मी के साथ इसी विधि से संपन्न कराया था। उस समय उनका पुत्र 16 वर्ष का था। यह आधुनिक भारत की पहला अंतरजातीय विवाह था।

सत्यशोधक विवाह में वर को यह शपथ लेनी होती थी कि वह महिलाओं को शिक्षा और समान अधिकार प्रदान करेगा। मंगलाष्टक (विवाह के अवसर के मंत्र) का गायन वर और वधू को स्वयं करना होता था और ये वर-वधू के एक दूसरे के प्रति व्यवहार के संबंध में शपथ के रूप में होते थे। यह सुनिश्चित करने के लिए कि होने वाले पति-पत्नी एक-दूसरे से परिचित हो सकें तथा एक-दूसरे की पसंद व नापसंद को समझ सकें, सावित्रीबाई ने अपने बेटे के

विवाह के पहले अपनी बहू राधा को अपने घर में कुछ समय के लिए रखा। सावित्रीबाई ने राधा की शिक्षा का प्रबंध भी किया।

इस दौरान राधा के साथ सावित्रीबाई के व्यवहार का विवरण, जोतीराव द्वारा 24 सितंबर, 1888 को लिखे गए एक पत्र में मिलता है। ससाने परिवार को संबोधित अपने पत्र में जोतीराव ने लिखा– "मेरी पत्नी ने घरेलू कामकाज की पूरी ज़िम्मेदारी अपने ऊपर ले ली है, ताकि लक्ष्मी को फुर्सत मिल सके और उसकी शिक्षा ठीक से चल सके।" यह साफ़ है कि सावित्रीबाई एक आम कुटिल और कठोर सास नहीं थीं, बल्कि एक सास के रूप में उन्होंने घर के सारे कामकाज की ज़िम्मेदारी अपने कंधों पर ले ली तथा अपनी बहू को शिक्षा हासिल करने के लिए प्रोत्साहित किया।

सन् 1887 के जुलाई माह में जोतीराव को दिल का दौरा पड़ा, जिसके नतीजे में उनके शरीर का दाहिना हिस्सा पूरी तरह लकवाग्रस्त हो गया। सावित्रीबाई ने इस बीमारी के दौरान दिन-रात उनकी देखभाल और सेवा की। उनकी हालत में कुछ सुधार आया और यहां तक कि वे फिर से लेखन करने लगे। यह वह काल था, जब फुले दंपत्ति आर्थिक संकट का सामना कर रहे थे। जोतीराव फुले द्वारा स्थापित पूना कंस्ट्रक्शन एंड कांट्रेक्टिंग कंपनी का व्यवसाय निम्नतम स्तर पर था। आय के स्रोत घटते जा रहे थे और खर्चों की कोई सीमा न थी। दोनों को यह समझ में नहीं आ रहा था कि जोतीराव के इलाज के अलावा हॉस्टल और शिशु हत्या निवारण गृह पर होने वाला खर्च वे कैसे उठाएंगे। एक समय ऐसा भी आया कि उनके पास जोतीराव के इलाज करवाने के लिए भी पैसे नहीं बचे और डॉ. विश्राम रामजी घोले ने बिना किसी फीस के उनका इलाज किया।

जोतीराव के शुभचिंतक और महान चिंतक व 'राजनीति के संत' मामा परमानंद ने बड़ौदा के शासक सयाजीराव गायकवाड़ को पत्र लिखकर जोतीराव और सावित्रीबाई को आर्थिक मदद उपलब्ध करवाने का अनुरोध किया। जोतीराव और सावित्रीबाई की मदद करने की सिफारिश करते हुए अपने पत्र दिनांक 31 जुलाई, 1890 में उन्होंने दंपत्ति द्वारा किये जा रहे ऐतिहासिक कार्यों का हवाला दिया। एक समकालीन चिंतक का फुले दंपत्ति का यह आकलन विशेष रूप से महत्वपूर्ण है। उन्होंने लिखा, "विपरीत परिस्थितियों से लड़ते हुए जोतीराव ने अपनी पत्नी को शिक्षित किया और उनके ज़रिये ब्राह्मण लड़कियों को शिक्षा प्रदान की – और वह भी दकियानूसी लोगों के गढ़ में और

उनकी इच्छा के खिलाफ। महार-मांग जैसे वर्गों के लिए स्कूल शुरू करना और चलाना, शेर को छेड़ने जैसा है। जोतीराव से भी अधिक प्रशंसा की पात्र उनकी पत्नी हैं। उनकी चाहे जितनी तारीफ की जाए कम होगी। हम उनकी महानता के वर्णन के लिए कौन-से शब्द चुनें? उन्होंने अपने पति के साथ हर संभव सहयोग किया और दोनों ने मिलकर उन सभी मुसीबतों का सामना किया, जो उनकी राह में आईं। उच्च जातियों की सुशिक्षित महिलाओं में भी इतनी त्यागी महिला का मिलना मुश्किल है। फुले दंपत्ति ने आजीवन आम लोगों की सेवा की।"

इसके बाद, मामा ने 9 अगस्त, 1890 को दूसरा पत्र लिखा, जिसमें जल्दी से जल्दी आर्थिक सहायता उपलब्ध करवाने का अनुरोध किया गया था। पत्र में कहा गया, "जोतिबा ने अपने जीवन के कई साल आम लोगों की निस्वार्थ सेवा को समर्पित किये हैं। आज वे असहाय हैं और उन्हें तुरंत आर्थिक मदद की ज़रुरत है।"

बड़ौदा के महाराज के मन में जोतीराव के काम के प्रति सम्मान का भाव था, लेकिन यह संभव है कि ऊंची जातियों के उनके सिपहसालारों ने ये पत्र उन तक पहुंचने ही न दिए हों। बहरहाल, 28 नवंबर, 1890 को बीमारी के कारण जोतीराव की मृत्यु हो गई। दिसंबर 1890 में मामा ने महाराज को तीसरा पत्र लिखा, "इस महान आत्मा ने अपने सुख-दुःख को कभी कोई महत्व नहीं दिया। वे केवल अपनी पत्नी और उनके दत्तक पुत्र यशवंत के बारे में चिंतित थे। कम से कम अब तो जोतीराव के परिवार के सदस्यों को आर्थिक मदद उपलब्ध करवाई जानी चाहिए।" मामा हार मानने वालों में से नहीं थे और वे डेढ़ साल तक इस बारे में प्रयासरत रहे। उन्होंने यशवंत के नाम से एक और आवेदन लिखा और महाराज को भेजा। इस बीच, मामा और जोतीराव के एक अन्य मित्र रामचंद्रराव धमनास्कर द्वारा जो भी थोड़ी-बहुत मदद की जा रही थी, उसके सहारे सावित्रीबाई और यशवंत दिन गुजारते रहे।

आख़िरकार, 10 फरवरी, 1892 को महाराज सयाजीराव ने सावित्रीबाई के लिए एक हजार रुपए का चेक, धमनास्कर को सौंपा। इस धन को तुकाराम तात्या पड़वाल की एस. नारायण कंपनी में निवेश किया गया और इस पर पचास रुपए का तिमाही ब्याज सावित्रीबाई को मिलने लगा। धमनास्कर ने 2 मार्च, 1892 को मामा को एक पत्र भेजा, जिसमें कहा गया था कि, "महाराज की इच्छा है कि जोतीराव की स्मृति में एक विशाल स्मारक बनाया जाना

चाहिए। इसके निर्माण में महाराज पर्याप्त सहायता उपलब्ध करवाएंगे।" उन्होंने यह भी लिखा कि महाराज सावित्रीबाई के बारे में पूछताछ करते रहते हैं। लेकिन यह स्मारक कभी नहीं बना।

जोतीराव ने जब अंतिम सांस ली, तब सावित्रीबाई उनके साथ थीं। अपनी वसीयत में जोतीराव ने यह इच्छा व्यक्ति की थी कि मृत्यु के बाद उनके शव को चिता पर जलाने के बजाय उस पर नमक डाल कर उसे गाड़ दिया जाए। उन्होंने अपने घर के पिछवाड़े में अपने शव के लिए एक गड्ढा भी खुदवा दिया था। लेकिन म्यूनसिपलिटी के अधिकारियों ने आवासीय भूमि पर शव को दफन करने की इजाजत नहीं दी। चूंकि और कोई विकल्प नहीं था, इसलिए उनके शव को अग्नि को समर्पित करने का निर्णय लिया गया। अंतिम यात्रा में जो व्यक्ति 'तीत्वे' (मिटटी की हंडी) लेकर सबसे आगे चलता है, उसे मृतक का उत्तराधिकारी माना जाता है और वही मृतक की संपत्ति का अधिकारी होता है। जोतीराव का एक भतीजा, जो इस बात को जानता था, ने 'तीत्वे' को लेकर चलने के यशवंत के अधिकार को चुनौती दी। विवाद बढ़ता देख, सावित्रीबाई आगे आईं और उन्होंने 'तीत्वे' को अपने हाथों में ले लिया। उन्होंने जोतीराव की अंतिम यात्रा का नेतृत्व किया। वे शवयात्रा में सबसे आगे चलीं और उन्होंने शव को मुखाग्नि दी। भारत के इतिहास में शायद यह पहली बार हुआ था कि किसी महिला ने अंतिम संस्कार से संबंधित कर्मकांड किये। 30 नवंबर को जोतीराव की चिता की राख घर लाई गई और उसे समारोहपूर्वक उस गड्ढे में दफ़न किया गया, जो उन्होंने अपने शव के लिए खुदवाया था। सावित्रीबाई ने उस स्थल पर 'तुलसी वृंदावन' बनाया, जिसे आज भी देखा जा सकता है। इसके नीचे पत्थर के 'पादुका' (किसी महान व्यक्ति के पदचिन्ह) बनाये गए। इस तरह सावित्रीबाई ने जोतीराव की स्मृति को अमर रखने के लिए अपने घर के पिछवाड़े में एक स्मारक बनवाया।

जोतीराव की मृत्यु के बाद सावित्रीबाई ने सत्यशोधक समाज का नेतृत्व संभाला और अपने जीवन के अंत तक वे इस संस्था का नेतृत्व करतीं रहीं। मेडिकल की अपनी पढ़ाई पूरी करने के बाद यशवंत ने सेना में नौकरी कर ली। अपने काम के सिलसिले में उसे कई देशों की यात्रा करनी पड़ी। ऐसी ही एक यात्रा के दौरान, यशवंत की पत्नी राधा उर्फ़ लक्ष्मी की 6 मार्च, 1895 को मृत्यु हो गई। सावित्रीबाई अब अपने घर पर अकेली थीं।

सावित्रीबाई ने 1893 में सासवड में आयोजित सत्यशोधक समाज के

सम्मलेन की अध्यक्षता की। उन्होंने 1896 में राज्य में पड़े सूखे के दौरान लोगों की मदद के लिए बहुत काम किया। सन् 1897 अपने साथ प्लेग की महामारी लेकर आया। पुणे के आसपास के इलाकों में हर रोज़ प्लेग से सैकड़ों लोग मरने लगे। सरकार ने इस महामारी को नियंत्रित करने का काम रैंड नामक एक अधिकारी के सुपुर्द किया। सावित्रीबाई ने यशवंत से छुट्टी लेकर घर आने को कहा। उनके कहने पर यशवंत ने ससाने परिवार के खेत में एक अस्पताल खोला। सावित्रीबाई स्वयं बीमार लोगों को अस्पताल लेकर आतीं और उनका इलाज करातीं। वे अच्छी तरह जानती थीं कि प्लेग संक्रामक बीमारी है। इसके बावजूद उन्होंने बीमारों की मदद और देखभाल करना जारी रखा।

इसी क्रम में उन्हें जैसे ही पता चला कि मुन्धवा गांव के बाहर महार बस्ती में पांडूरंग बाबाजी गायकवाड़ का बेटा प्लेग से ग्रस्त हो गया है, वे वहां पहुंचीं और बीमार बच्चे को अपनी पीठ पर लाद करअस्पताल लाईं। नतीजा यह हुआ कि प्लेग ने सावित्रीबाई फुले को ही जकड़ लिया और 10 मार्च, 1897 को रात नौ बजे उनकी मृत्यु हो गई। *दीनबंधु* समाचारपत्र ने उनकी मौत की खबर पर गहरा दुःख और खेद व्यक्त करते हुए समाचार छापा। जो लोग लक्ष्मीबाई की अपने पुत्र को पीठ पर बांध कर अपने शत्रुओं से युद्ध करने की प्रशंसा करने नहीं थकते, उन्होंने इस महिला के साहस और दिलेरी पर एक शब्द नहीं कहा, जिसने एक बीमार बच्चे की जान बचाने के लिए उसे अपनी पीठ पर ढोया और ऐसा करते हुए उसने अपनी जान तक की परवाह नहीं की।

सन् 1848 से लेकर सन् 1897 तक, अर्थात करीब 50 साल, सावित्रीबाई निरंतर, बिना थके लोगों के लिए काम करती रहीं। उन्होंने सेवा और करुणा का असाधारण उदाहरण प्रस्तुत किया।

उनकी मृत्यु के बाद यशवंत अत्यंत दुखी, परेशान और अकेले पड़ गए। सन् 1903 में उन्होंने चंद्रभागाबाई से विवाह किया, जिससे उनकी एक पुत्री जन्मी, जिसे सोनी उर्फ़ लक्ष्मी का नाम दिया गया। यशवंत ने हांगकांग, अफ्रीका और चीन में सेना को अपनी सेवाएं दीं। 13 अक्तूबर, 1906 को यशवंत मृत्यु को प्राप्त हुए। उनकी पत्नी चंद्रभागा और बेटी सोनी को ऐसा लगा मानो वे अनाथ और अकेले हो गए हों। उन्होंने पहले जोतीराव की सभी किताबें एक कबाड़ी को बेच दी। फिर उन्होंने घर के बर्तन बेचकर पेट पाला। अंततः 28 अक्टूबर, 1910 को उन्होंने जोतीराव और सावित्रीबाई का ऐतिहासिक मकान केवल 100 रुपए में मारुती कृष्णाजी डेदागे को बेच दिया।

जोतीराव और सावित्रीबाई की बहू बेघर हो गयीं और उन्हें रामेश्वर के एक मंदिर में एक निराश्रित की मौत मिली। उनका अंतिम संस्कार स्थानीय नगरपालिका ने किया। उनकी बेटी ने बाद में बाबुराव गंगाराम होले से विवाह किया। उनकी दो संतानें हुईं – एक लड़का और एक लड़की। उनके पुत्र दत्तात्रेय बाबुराव होले पुणे के दत्तावाडी में रहते हैं और पुत्री मथुरा कोद्दरे मुन्ध्वा में। लक्ष्मीबाई 1938 में चल बसीं और उसके पहले, 1930 के आसपास, चंद्रभागाबाई की मौत हो गई।

एक क्रांतिकारी परिवार को जिस तरह की मुसीबतों का सामना करना पड़ा और एक बेसहारा का जीवन बिताना पड़ा, यह हृदयविदारक था। जोतीराव और सावित्रीबाई, जिन्होंने सैंकड़ों विधवाओं के जीवन में ख़ुशी का प्रकाश फैलाया था, की बहू को एक मंदिर की सीढ़ियों पर गुमनाम मौत नसीब हुई। अगर जोतीराव और सावित्रीबाई ने कठिन परिश्रम से अर्जित अपनी आय को समाज की सेवा में व्यय करने की बजाय, उसका निवेश किया होता तो उनकी बहू और नातिन को वंचना और वेदना का सामना नहीं करना पड़ता। जोतीराव की दुखद मृत्यु भी इसलिए हुई, क्योंकि उनके पास अपना इलाज करवाने लिए धन नहीं था। उन्होंने अपनी दौलत समाज पर लुटा दी थी। सावित्रीबाई और डाक्टर यशवंत, प्लेग की महामारी के दौरान रोगियों की सेवा करते हुए मृत्यु को प्राप्त हुए। जोतीराव की बहू ने अतिशय निर्धनता में फुटपाथ पर अंतिम सांस ली और उनकी नातिन को गरीबी के कारण एक विधुर से विवाह करना पड़ा। इस त्रासदी के बारे में क्या कहा जा सकता है? इस त्याग का हम किन शब्दों में वर्णन करें?

सावित्रीबाई ने जो मूल्यवान लेखन किया वह निम्न पुस्तकों में संगृहीत है–

1) काव्यफुले – कविता संग्रह, 1854
2) जोतीराव्स स्पीचेस, सावित्रीबाई द्वारा संपादित, 25 दिसंबर 1856
3) सावित्रीबाईज़ लेटर्स टू जोतीराव
4) स्पीचेस ऑफ़ मातुश्री सावित्रीबाई, 1852
5) बावन्नकशी सुबोध रत्नाकर, 1892

काव्यफुले सावित्रीबाई की कविताओं का प्रथम संग्रह था, जिसका प्रकाशन 1854 में हुआ था। इसमें कुल 41 कविताएं हैं, जो प्रकृति, सामाजिक मुद्दों और इतिहास पर केंद्रित हैं। इसके साथ ही इसमें शिक्षाप्रद रचनाएं भी संगृहीत हैं।

जोतीराव्स स्पीचेस सावित्रीबाई द्वारा संपादित पुस्तक है। जोतीराव के भाषणों का लिप्यांतरण चार्ल्स जोशी ने किया है। इस पुस्तक में जोतीराव के चार भाषण हैं और इसका प्रकाशन 25 दिसंबर, 1856 को हुआ था।

सावित्रीबाईज़ लेटर्स टू जोतीराव में ओतूर और नायगांव से लिखे कुल तीन पत्र शामिल हैं।

स्पीचेस ऑफ़ मातुश्री सावित्रीबाई में विविध विषयों पर सावित्रीबाई के भाषण संगृहीत हैं। इन विषयों में शामिल हैं– उद्यम, शिक्षा, सदाचरण, नशे की लत, कर्ज आदि। इनका संपादन शास्त्री नारोबाबाजी महाधट पंसारे पाटिल ने किया और इसे वत्सल प्रेस, बड़ोदा द्वारा 1892 में प्रकाशित किया गया।

बावन्नकशी सुबोध रत्नाकर भारत के इतिहास और जोतीराव के कार्यों के बारे में कविताओं का संग्रह है। इसमें कुल 52 कविताएं हैं। ये कविताएं 1891 में जोतीराव की मृत्यु की बाद लिखी गईं थीं और 1892 में पुस्तक रूप में प्रकाशित हुई।

सावित्रीबाई ने जीवनपर्यंत जोतीराव को जिस तरह संबल, सहयोग और साथ दिया वह असाधारण और अतुलनीय था। पुरुषों और महिलाओं की समानता और दोनों के शांतिपूर्ण सहचर्य का जो आदर्श फुले दंपत्ति ने प्रस्तुत किया, वह काल और स्थान की सीमाओं से परे है। दोनों ने शिक्षा, सामाजिक न्याय, जाति उन्मूलन और पुरोहित वर्ग के प्रभुत्व का अंत करने के लिए जो सघन प्रयास किये, वे अतीत में तो महान थे ही, आज भी हमें रास्ता दिखलाते हैं। फुले दंपत्ति का योगदान वर्तमान समय में भी बेजोड़ ही माना जाएगा। सावित्रीबाई की विरासत अनंत काल तक हमारे जीवन को समृद्ध बनाती रहेगी।

काव्यफुले

प्रस्तावना

अर्पित ये फूल सच्चे-सुगंधित आपको।
माला में पिरोये काव्यसुमन ये सबको।।
मजेदार हैं ये काव्यसुमन भांति-भांति।
सुगंध से जिनके मिले मन को असीम शांति।।

(धुन बदलकर)
इनमें हैं उपदेश, फिर भी मनोरंजक (गाकर)
सुगम भी और आकर्षक (गाकर)
सुबोधित नीति शिक्षा इनमें (गाकर)
ज्ञान-भावना है शामिल इनमें (गाकर)

आभारी मैं सभी सहयोगी जनों की।
मिशनरी छापेखाने और सह-लेखकों की।।
प्रस्तुत प्रस्तावना यह पढ़िए।
तोहफा मेरा स्वीकार यह करिए।।

अर्पण

मुझ पर सबकी इतनी आस्था, ओ विधाता।
क्या मैं इसके योग्य हूं, सोचकर मन भर आता।।
हितैषियों के प्रति कृतज्ञता से दिल मेरा भर जाता।
अर्पित कर जिन्हें सुंदर काव्यहार, मेरा मन हर्षाता।।

शिव प्रार्थना

(जांता चलाते समय गाया जाने वाला एक लोकगीत। इसके प्रत्येक पद में चार अंतरा होते हैं।)

सत्य सुंदर शिव का ठाठ-बाट। शीश पर जटा चंद्रमा शोभे साथ।।
निकल जिनसे ज्ञान-गंगा की धाराएं। चहुंओर उत्कट बहें।।

त्रिलोचन का त्रितिक्षु ललाट। तीनों लोकों के स्वामी विराट।।
स्कंध पर थिरक-थिरक सर्प नाचे। ऐसे सबके कृपानिधान सांचे।।

नीलकंठ सर्वगुण संपन्न सुंदर। गले में झूले दिव्य हार मनोहर।।
चौंसठ कलाओं का भंडार। सुशोभित मोक्षदायक फूलों का हार।।

अज्ञानी को ज्ञान देना सर्वज्ञानी। चौतरफा शुभ संकेतों की स्वयंभू निशानी।।
व्याघ्रांबर लपेटें भोलेदानी। ऐसी छवि है परम शिव की सुहानी।।

नमन तुझे हे शिव प्रभु। आदि निर्माता देव तुम स्वयंभू।।
दे वरदान सबका अज्ञान दूर करो। सावित्री की आराधना पूर्ण करो।।

शिव स्तोत्र

तुम्हारा स्तोत्र जपती हूं।
प्रेम भाव से उसे गाती हूं।।
हे विश्वंभर, हे महेश।
सद्भाव से तेरी महिमा सबको सुनाती हूं।।
(श्लोकः वसंततिलका)

जिसने निज गुणों से यह संसार रचा है।
कृपा से जिनकी सारा त्रिलोक चला है।।
उसी शंभू की पूजा कर मांगूं मैं यह वर स्वामी।
मेरी जिह्वा पर सवार होकर रच दो काव्य नामी।।

छत्रपति शिवाजी

पौ फटते ही छत्रपति शिवाजी का हम करें स्मरण।
शूद्रातिशूद्रों के प्रभु का पूरे मनोभाव से करें वंदन।।
नलराजा, युधिष्ठिर, द्रौपदी व अन्य जनार्दनों की।
गाथा जैसे पुराणों में, वैसे इतिहास में अपने शिवाजी की।।

स्वागत गीत

शुभ दिन का प्रारंभ हुआ है बच्चों आज।
प्रसन्नचित्त हम स्वागत करते हैं तुम्हारा आज।।
छात्र-छात्राओं के पालक आये हैं ।
महान सुजन भी आज पधारे हैं ।।
आप सबके उपकार हैं हम पर ।
पुलकित हैं सविनय हर्षित होकर।।
करते हैं हम आपका स्वागत आज।
शुभ दिन का प्रारंभ हुआ है बच्चों आज।।

ईश स्तुति

नमन तु हे शंकर श्रीधर प्रभु।
नीलकंठ सदाशिव तुम शिवशंभू।।
चरणों में तुम्हारे बस एक ही गुहार।
अज्ञानी बालकों का करो उद्धार।।

हम बच्चों की प्रार्थना सुनो भगवान।
ज्ञान के अभिलाषी हम, दे दो हमें विद्या दान।।
ओ दुर्जन-असुर संहारक, हे परमात्मा महान।
निर्बलों के उद्धारक, तुम हो हमारे कृपानिधान।।

जोतिबा को नमन

पूरे मनोभाव से करती हूं मैं जोतिबा को नमन।
देकर हमें ज्ञानामृत, आशा से भर देते हैं जीवन।।
दीन शूद्रों-अतिशूद्रों को है महान जोतिबा की पुकार।
ज्ञान की ज्योति जलाकर, वे करते हैं हमारा उद्धार।।

जोतिबा की शिक्षा

अपने स्वामी जोतिबा का मैं करती हूं अभिवादन।
मधुर वाणी से उनकी गूंज उठता है मेरा मन-आंगन।।
प्रिय देव का स्मरण मैं नित दिन करती हूं।
होकर प्रेरित मांग-महारों की सेवा करती हूं।।

सेवा, सत्य धर्म से मिले परम आनंद।
निज मन भी रहे हमेशा सानंद।।
जोतिबा की सोच पर करो चिंतन।
उसी का दर्पण है मेरा यह जीवन ।।

सेवा जो करते हैं सेवाभाव से ।
पाते सम्मान वे सकल समाज से।।
जोतिबा के अनुभव देते हैं जो सीख हमें।
मैं सावित्री रखती हूं, मन में सहेज उन्हें।।

पारिवारिक सुख की राह

(भजन की शैली में)
जोतिबा भर देते हैं मेरे जीवन में आनंद।
जैसे फूलों में हो सरस मकरंद।।
भाग्यशाली हूं मैं उनका साथ पाकर।
मेरे जीवन के असीम आनंद ऊषाकर।।

बच्चों-कच्चों के लालन-पालन की जिम्मेदारी।
स्त्रियों को ढोनी पड़ती है बोझ यह भारी।।
परिवार बनाना नहीं होता है आसान।
पर कोसने से क्या दूर होगी थकान?

परिवार में सुख-शांति बनाए रखने की चाह।
बस एक यही है सच्चे सुख की राह।।

संत

संत वही जग में कहलाते हैं।
कहते जैसा, आचरण करके वैसा दिखाते हैं।।
परमार्थी सेवादार नर-नारी ही पूजनीय।
उन्हीं में मिलता है परमानंद, वही हैं वंदनीय ।।

स्वार्थी-लोभी नहीं हो सकते ऐसे इंसान।
करें परहित की चिंता हमेशा, वे ही लोग महान।।
जो पहचानते हैं सारे रिश्ते-नाते।
कहे सावित्री, वही संत कहलाते।।

हमारी माय

हमारी प्यारी माय, मेहनत खूब करने वाली।
दयावान और सभी को प्यार करने वाली।।
विशाल मन के आगे उनके सागर भी उथला लगे।
आऊ[1] के सामने आसमान भी ठिगना लगे।।

माय हमारे घर में आयी।
जैसे ज्ञान की देवी आयी।।
प्रेम-करुणा-सेवा का संदेश बताती।
सहज ही दिलों में हम सबके समाती।।

---

1. जोतीराव फुले व सावित्रीबाई फुले दोनों सगुणाबाई को आऊ कहकर संबोधित करते थे। सगुणबाई जोतीराव फुले की बुआ थीं, जिन्होंने बचपन में जोतीराव फुले को पाला-पोसा।

रानी छत्रपति ताराबाई

छत्रपति राजवंश की एक थी रानी ताराबाई।
जैसे कोल्हापुर की जगदंबा, महाराष्ट्र की अंबाई।।
शत्रु पर धावा बोल बन जाती थी उनका काल।
अपने भीषण प्रहारों से, कर देती थी उनको बेहाल।।

दामिनी-सी चपल उतारती थी सबको मौत के घाट।
शत्रुओं के रक्त से देती थी रणभूमि पाट।।
छत्रपति ताराबाई थीं अद्वितीया रणरागिणी ।
वीरों की रणदेवी थी, अदम्य शौर्य के लिए जानी-मानी।।

जय भवानी की जय जयकार, जय-जय ताराराानी।
जय जयकार कर नमन करती हूं हे महारानी ।।
कोल्हापुर की महान रानी का यश मैं गाती।
छत्रपति सिंहासन की जो थीं शोभा बढ़ाती।।

हाथों में रखे तलवार, जैसे देवी भवानी।
अभिनंदन तुम्हें रानी ताराबाई रिपू-मर्दिनी।।
ताराबाई मेरी मर्दानी महान।
रणचंडी की गाथा जाने जहान।।

श्रद्धा की पात्र हो तुम रणदेवी।
चरणों में नतमस्तक हूं हे देवी।।

मेरी जन्मभूमि

मेरा नैहर नायगांव, है पुराना गांव-देहात।
सुंदर गीत पोवाडों में दर्ज है उसकी बात।।
राम के युग में बंदर थे, पांडवों के समय लोमड़ियां।
आगे चलकर मूलवासी रट्ठवंशियों[2] की हैं कहानियां।।

अपनों के संग शिवाजी ने कायम किया राज।
लोकहितकारी था मूलवासियों का अपना स्वराज।।
दूरदर्शिता से जिनके नायगांव समृद्ध हुआ।
पाटिल नेवसे थे इस गांव के मुखिया।।

उनके ही कुल में मैंने जन्म लिया।
इस वंदनीय जन्मभूमि से करती हूं मैं प्रीत।
हर तरफ गाती हूं मैं इसके गीत।।

अनेकानेक जाति-जनजाति और कुशल शिल्पकार।
रहते थे सिवान में घुलमिलकर, आपसी स्नेह था अपार।।
बारिश-पानी का संकट न था, होती थीं फसलें सारी।
कुएं के आजू-बाजू फूलों-फलों से सजी रहती हर क्यारी।।

---

2. आज के मराठा कुनबियों के पूर्वज रट्ठवंशी नाम से जाने जाते थे

पंछी मनोहर गीत सुनाते, तितलियां खूब मंडरातीं।
प्रकृति की विविध छटाएं, सब यहां नज़र आ जातीं।।
हर कृषक था महान बलि राजा जैसा दानी।
मानो उनका कश्यपपुर[3] था मेरा नायगांव नामी।।

हम उनके वंशज, नहीं रोते कोई दुखड़ा अपना।
जन्मभूमि से मिलती है ये काव्यसुमन रचने की प्रेरणा।।
उसी पर करती हूं मैं इन काव्यसुमनों की वर्षा।।

3. सावित्रीबाई कविता में ही बलि के कश्यपपुर का ज़िक्र करती हैं; अलग से कोई टिप्पणी नहीं है;

पीली चंपा

पीली चंपा
रंग जिसका हल्दी-सा
खिला हुआ
दिल को लुभाता।।

नाम है उसका।
सुवर्ण चंपा।।
प्रकृति का गहना।
रंग उसका अहा क्या कहना।।

देखो इसका सुंदर रंग।
मुस्कुराने का शानदार ढंग।।
इसकी सुगंध अति अद्भुत।
मोहित कर दे, जब हो संग।।

सत्य-शिव का।
यह उत्कृष्ट रूप।।
मानो पृथ्वी पर।
खिली हो धूप।।

ध्येय-पूर्ति का प्रतीक है।
रंग हल्दी का।।
त्याग की भावना लिये।
मनोहारी यह प्रेम-करुणा का।।

जैसे रति[4] को
मदन[5] मोहित करता
वैसे ही यह
मेरा कवि मन हरता।।

चुपके से यह
मन में घुसकर
काव्य सृजन को
प्रेरित करता।।

सभी इंद्रियों और
मेरे रसिक मन को
तृप्त करता
और कुम्हला जाता।।

---

4 व 5. मदन हिंदू धर्म ग्रंथों में वर्णित मिथकीय पात्र कामदेव का एक उपनाम है। रति को उसकी प्रेयसी बताया गया है।

जाई[6] का फूल

देख रही थी जब मैं।
जाई के नाजुक फूल को।।
शर्मिली नज़र से वह भी।
मानो निहार रहा हो मुझको।।

सफेद रंग उसका।
करे मुझे उल्लासित।।
मनोहर सुगंध उसका।
करे मन मेरा मोहित।।

मीठी लगे हंसी उसकी।
और लजीली उसकी नज़र।।
कोलाहल उठा जैसे मन में।
हुआ मुझ पर यह असर।।

पांच पंखुड़ियों वाला।
वह सुंदर फूल।।
मानो कहना चाहे।
कुछ बात जो गया हो भूल।।

---

6. महाराष्ट्र में बड़े पैमाने पर पाया जाने वाला मोगरे जैसा एक नाजुक सफेद फूल, जिसके गज़रे बनाए जाते हैं।

क्या चाहते हो।
पूछा मैंने जब उससे।।
एक विनती है।
बोला वह जरा हंस के।।

करता है अनुरोध।
वह फूल मुझसे।।
तोड़कर मुझे।
लगा लो सीने से।।

रीत जगत की।
मतलबी हैं सारे।।
खुशबू सूंघकर ।
फेंक देते हैं किनारे।।

जाई की कली

अहा! कितनी सुंदर कली यह जाई की!

गुलाबी आभा है इस पर छाई।
अति सुंदर यह अधखिली जाई।।
यौवन इसका जैसे झूमे बसंती बयार।
कली जाई की है पांच पंखुड़ीदार।।

रात को यह रति[7] बन जाती।
सुगंध अपना चहुंओर फैलाती।।
अंततः मिट जाती है कली जाई की।
हो जैसे छवि हर नारी की।।

7. देखें पृष्ठ संख्या 47 में फुटनोट संख्या 4 व 5

गुलाब का फूल (अभंग)

एक फूल गुलाब और दूजा फूल कनेर।
स्वरूप दोनों का एक-सा, पर अंतर बहुतेर।।

जैसे एक काला कौआ तो दूजा लगे राजहंस।
एक से कृष्ण याद आवें तो दूजे से पापी कंस।।

एक है ऐरावत[8] तो दूजा श्याम भट्ट[9] की घोड़ी।
कहो तुम ही दोनों में क्या अंतर है यह थोड़ी।।

बिल्कुल भिन्न हैं दोनों फूल।
सुगंधित मनोहर गुलाब लगे अद्वितीय फूल।।

कहे सावित्री गुलाब-सा मानव भी है अद्वितीय प्राणी।
इसे मन में बसा लो – यही है सच्ची वाणी।।

---

8. हिंदू धर्म से संबंधित वेदों में वर्णित देवताओं के राजा इंद्र का हाथी।
9. श्याम भट्ट के संबंध में सावित्रीबाई फुले ने कोई संदर्भ नहीं दिया है। मुमकिन है कि इस नाम से ब्राह्मण जाति का कोई व्यक्ति हो और उसके पास कोई घोड़ी हो।

तितली और फूल की कली

तितली एक कीट अति सुंदर।
कितना आकर्षक कितना मनोहर।।
प्रवाल रंग की चमकदार आंखें उसकी।
हंसकर कहें बातें इस जग की।।

मखमली पंख और उसका पीला रंग।
ख्वाब हों जैसे छोटी-बड़ी चित्तियों के संग।।
वक्र पैरों से कैसे उड़ान यह भरता।
एक फूल से दूसरे पर मजे से देखो यह उड़ता।।

रूप देख उसका कली हो गई उसकी कायल।
प्रीत की आस जगी, दिल उसका हो गया घायल।।
कली थी सुंदर और काया उसकी बड़ी कोमल।
होश खो बन बैठी दीवानी, फूटने लगे ख्वाहिश के कोंपल।।

कर इशारे मनमीत को अपने पास बुलाए।
हो बेताब करे प्रतीक्षा, जल्दी से मिलन घड़ी आए।।
भागकर आए वह उसके पास, करे न कोई बहाना।
कली के मन में आस जगी थी, चाहे वह जताना।।

मार झपट्टा तेजी से तितली।
बैठता है उसके ऊपर मजे से।।
अमृत से भरी कली मदहोशी में।
देती आश्रय उसे अपने सीने में।।

लेकिन, रूप-विनाशक उसका वह चितचोर।
कली के जीवन में कर देता अंधियारा घनघोर।।
उसका सारा अमृत निचोड़कर।
चल देता है उसे निष्प्राण छोड़कर।।

कर लेता किनारा स्वाद उसका चूसकर।
देखता नहीं वह उसे फिर कभी पलटकर।।
उसे छोड़ दूसरी को ढूंढे, करे न कोई लिहाज।
बेशरम को ऐसा करने में आए न कोई लाज।।

कौन-सी और कहां की कली, हंस-हंसकर वह कहता।
पुरानी छोड़, हर बार शिकार नई वह ढूंढता।।
दुनिया की रीत, छल-कपट, उच्छश्रृंखलता देखकर।
कहे सावित्री, हैरान हूं मैं यह सब सोचकर।।

मानव और सृष्टि

वर्षा हुई सिवान में, नहाकर निर्मल हुई सृष्टि।
फलों-फूलों और फसलों को मिली है संतुष्टि।।
रिमझिम वर्षा की फुहार से खिल उठी है सृष्टि सारी।
फलों-फूलों की नक्काशी की धरा ने ओढ़ी चुनरी न्यारी।।

कोयल कूक-कूककर गाती, नाचे मोर संग-संग।
फूलों पर मंडराएं भृंग हो मन-मतंग।।
सुंदर सृष्टि, सुंदर मानव और सुंदर सारा जीवन।
हर तरफ बहार लायेगा सद्भावना का सावन।।

मानव जीवन को सहज-सभ्य करें।
भय-चिंता को सब दूर करें।।
सब जीयें और दूसरे से प्रेम करें।
जीवन में अपने इसी का अनुसरण करें।।

एक ही सिक्के के दो पहलू हैं मानव और सृष्टि।
इस खजाने को बचाने की बस एक यही युक्ति।।

शूद्रों की व्याधि

दो हजार वर्षों से शूद्र एक व्याधि से हैं पीड़ित।
भूस्वामियों की गुलामी से हैं अब तक दमित।।
हाल देख उनका, मन बगावत कर उठता है।
क्या इससे मुक्ति का कोई सहज रास्ता हो सकता है?

शिक्षा ही एकमात्र राह, और नहीं विकल्प।
गुलामी की जंजीरें तोड़, मानवता का करें संकल्प।।

द्रष्टा कवि

काव्य-ज्ञान का यह बड़ा भक्त।
साहित्य और कला के नवरसों के प्रति है आसक्त।।
काव्य की अविरल धाराएं बहती हैं मुख से।
"द्रष्टा" कवि है, नव चंडी के वर से।।

बैठ जिह्वा पर उसकी, देवी काव्य रचना करती है।
शंभू की जटा से जैसे शुभ्र गंगा बहती है।।
मधुर शब्दों की लगातार।
कवि-मुख से बहती है धार।।

मानस सरोवर सुगंधित पुष्पों का।
बनाता है वह सुंदर शब्दों का।।
चार विधाओं और चौसठ कलाओं से युक्त।
नवरस के नवरत्नों से हों सर्वदा संयुक्त।।

कभी सोचे वह जग का अनोखा चित्रण है।
और काव्य ही उसका नित नव सर्जन है।।
दिव्य सृष्टि है उसके काव्य में।
सत्य, शिव, सुंदर हैं उसके साक्ष्य में।।

प्रेमी कवि और प्रेम भरा काव्य

कवि भरता है कल्पना की उड़ान।
कभी सुख तो कभी दुख का विधान।।
खुश होता कभी स्वर्ग-सुख से।
कभी जले नारकीय ताप-दुख से।।

एक पल हंसे।
दूजे पल रोए।।
रोते-रोते कभी नाचे।
कभी ईश्वर के गीत गावे।।

काव्य रचना उसकी कल्पनातीत।
कभी गाता है दिव्य सुर में गीत।।
कभी दिखती है उसे कोई परी।
जो प्यार करे उसे बन मनचली।।

मृदुभाषी वह बातों में उसकी मिठास।
विनती करती है उससे खास
बुलाकर उसको अपने पास।।

पास बुलाकर कवि को चूमती।
कवि के मन में यह छवि घूमती।।

मनु के कुबोल

कहै मनु जो हल चलावें।
मूर्ख वे श्रमजीवी जन कहलावें।।
मत करो खेती, मनुस्मृति कहती है।
वहीं ब्राह्मणों को, धर्माज्ञा देती है।।

कहै मनु, पूर्वजन्म के पाप से शूद्र जन्मते हैं।
एक जन्म का प्रायश्चित दूसरे जन्म में करते हैं।।
विषमता-भेदभाव बनी है रीत समाज की।
जिससे अमानवीय नीति कायम है धूर्तों की आज भी।।

दिव्य खेती

(जांता चलाते समय गाये जाने वाले गीत की लय में)

दिव्य है खेती, जिससे उगाएं हम अनाज।
खाकर जिसे तृप्त हो यह सकल समाज।।

शूद्र खेती कर जैसे-तैसे निज पेट पालते हैं।
उच्चवर्णीय बिन श्रम के छप्पन भोग खाते हैं।।

भेदभावपूर्ण उनका आचार-विचार, करें शराबियों-सा व्यवहार।
बकबक में है उनकी केवल स्वार्थ और दुर्विचार।।

ज्ञान प्राप्त वे करते हैं, जो खेती करते हैं।
ज्ञान से मिले सुख-शांति, स्वाभिमान से वे रहते हैं।।

श्रेष्ठ धन

सुबह-सवेरे तुम बच्चों।
नहा-धोकर कर लेना मंजन।।
होकर शुद्ध करना रोज।
अपने माता-पिता को वंदन।।

स्मरण कर गुरु, शंभु, अनादि।
पढ़ाई में फिर तुम लगाओ मन।।
घर बैठ नष्ट न करो समय मूल्यवान।
कुछ करने का तुम करो जतन।।

विद्या को देवता मानो।
करो नित दिन ग्रहण उसे।।
एकाग्र मन से करो पठन-पाठन।
हैं सब कहते ज्ञान जिसे।।

सभी धनों से श्रेष्ठ है।
यह विद्या का धन।।
जिसके पास है ज्ञान।
उसीका है सफल जीवन।।

बच्चों को सलाह

जो काम करना है आज।
दम लगाकर कर लो अब।।
जो दोपहर तक करना था।
जाकर तुरंत कर लो सब।।

करना है जो पल भर बाद।
कर डालो समय रहते वह काम।।
क्योंकि मृत्यु नहीं है पूछती।
क्या कर लिए तुमने सारे काम?

अंग्रेजी माई

(मराठी में अभंग यानी भजन/कीर्तन की शैली में)
अंग्रेजी माई की बोली स्पष्ट और बहुत उदार।
पूरे मन से करती है सब शूद्रों का उद्धार।।
यह अंग्रेजी माई का राज है, मुगलों का तख्त-ताज नहीं।
पेशवाई[10] के दिन बीते। अब मूर्खों का राज नहीं।।

अंग्रेजी माई ज्ञान सच्चा हमें देती है।
मानवता का दूध पिला, शूद्रों को समर्थ कर देती है।।
दे तालीम उनको, दूर करती है अज्ञानता,
जोड़ती है शूद्रों का मनुष्यता से नाता।।

10. पेशवाओं का राज

मन्नत

तेल-सिंदूर के लेपन से।
बन जाता है पत्थर अब ईश्वर।।
म्हसोबा, खेसोबा-इतने डरावने भगवान।
लेकिन आस्थावान बढ़ाते हैं उनकी शान।।

बकरे के चढ़ावे से मन्नत की निभाते हैं रस्म।
जैसे बच्चे की चाह में पूरा करने की खाते हैं कसम।।
अगर पत्थर बच्चे देते हैं, करते हैं जब मन्नत पूरी।
तो फिर नर-नारी के लिए शादी क्यों जरूरी?

कहे सावित्री इस पर चिंतन कर लो।
और जीवन अपना सार्थक कर लो।।

शूद्र शब्द का अर्थ

शूद्र एक शब्द, जिसका मूलवासी अर्थ।
शक्तिशाली आक्रांताओं ने किया अर्थ अनर्थ।।
ईरानी-ब्राह्मणों को पराजित किया शूद्रों ने।
अंग्रेजों को भी धूल चटाया साहसी शूद्रों ने।।

शूद्र थे धनी इस समृद्ध इंडिया के।
कहलाते इंडियन, मालिक अपनी दुनिया के।।
बड़े बहादुर थे हमारे पूर्वज।
ऐसे वीरों के हैं हम वंशज।।

बलि राजा का स्तोत्र

भारत के साम्राज्य पर।
राज करता था बलि नामक एक असुर-राजा[11] ।।
दानी-क्षमाशील था महान बलि।
सुखी थी राज में उसकी सारी प्रजा।।

राज्य में उसके सब थे प्रसन्न।
तीनों लोकों में गाते थे उसका कीर्तन।।
स्वयंभू न्यायसंगत राज्य में उसके।
होता था शास्त्रीय चिंतन-मनन।।

यज्ञ अनुष्ठान चलते रहते थे।
प्रचुर दान में बंटता था कंचन।।
रत्नजड़ित मुकुट पहन राज-दंपत्ति।
प्रत्यक्ष दान-दक्षिणा का करते संचालन।।

बलि राजा और पत्नी विंध्यावली, दोनों रहते साथ।
दान-दक्षिणा करते थे दोनों, बढ़ाकर अपने हाथ।।
इस दानी दंपत्ति का, गाते हैं हम कीर्तन।
ये थे हमारे पूर्वज और उनके गुरु शुक्रानन।।

हम हैं उनके वंशज, हर कदम पर उन्हें करते नमन।
हे पुण्यात्मा बलि राजा, गाते हैं हम तुम्हारा स्तवन।।

---

11. हिंदू पौराणिक कथाओं में बलि राजा का वर्णन एक असुर राजा के रूप में किया गया है, जो अपनी प्रजा के प्रति बहुत उदार था।

अंग्रेजी सीखो

(अभंग या कीर्तन शैली में)
उद्यम करो, स्वावलंबी बनो।
श्रम कर तुम। ज्ञानवान-धनवान बनो।।
बिन विद्या के पशुवत जीवन हो जाएगा नाकाम।
नित नव ज्ञान अर्जित करो, मत बैठो निष्काम।।

शूद्रातिशूद्रों को अपने दुख से उबरने का।
सीख अंग्रेजी यह अवसर अपना जीवन सफल बनाने का।।
सीख अंग्रेजी ज्ञान अर्जित करो, जाति-भेद का अंत करो।
ब्राह्मणों की नीति-कथाओं का कर परित्याग, गुलामी उखाड़ फेंको।।

माटी का गीत

(जांता चलाते समय गाये जाने वाले लोकगीतों की शैली में)
हरी-भरी धरती अपनी देखो कितनी सुहानी।
मिट्टी जिसकी कुछ सफेद और कुछ काली।।
काली मिट्टी की खूबी देखो कितनी फसलें उगतीं।
फूलों-फलों की रंगत से धरती है सज उठती।।

सफेद मिट्टी के रंग निराले, ढालकर बनाते हम ईंट-खपड़ैला।
इनसे बनाते हम अपने घर, जैसे खुशियों का मेला।।
माटी की महिमा हम कितनी सुनाएं।
माटी से गहरा रिश्ता, सब मिल इसके गुण गाएं।।

जागो शिक्षा ग्रहण करो

उठो शूद्रातिशूद्र बंधुओ नींद से जागो उठो।
पारंपरिक गुलामी की बेड़ियां तोड़ डालने उठो।।

बंधुओ, शिक्षित होने के लिए उठो।

मनु-पेशवे[12] सब मर-खप गए हैं अब अंग्रेजों के राज में।
शिक्षा पर जो पाबंदी थी दूर हो गई है आज समाज में।।
ज्ञानदाता अंग्रेज आए हैं, विद्या अर्जन कर लो तुम।
सदियों से नहीं मिला था यह सुनहरा अवसर, जीवन सफल कर लो तुम।।

बच्चों को शिक्षित करें, हम भी नई विद्या सीखें।
विद्या और ज्ञान के जरिए हम भी नीति-धर्म सीखें।।
शिक्षा का दृढ़ संकल्प लेकर पढ़ने में सब जुट जाएं।
शूद्रत्व का सदियों का यह दाग चलो अब हम मिटाएं।

बलि के इस राज में हम भी शिक्षा प्राप्त करें।
तुरही-नगाड़ों की गूंज से अपनी सफलता का ऐलान करें।।
इस शुभ-कार्य में बुरी नज़र न लगे किसी की।
दुष्ट ब्राह्मणों को दूर रखो, छाया भी न पड़े उनकी।।

है यह आह्वान, शिक्षा के लिए अथक परिश्रम करो।
परंपरागत गुलामी की बेड़ियां तोड़ने उठो।।

12. अठारहवीं सदी में महाराष्ट्र में राज करने वाले उच्च वर्णीय ब्राह्मण शासक

शूद्रों का परावलंबन

शूद्रातिशूद्र सारे अज्ञान के मारे हुए।
कर्मकांडी-रूढ़िवादी, अभाव से हारे हुए।।
सुख के सपने नहीं देखते, दुख को ही सुख मानते हैं।
जैसे बनाया विधाता ने वैसे रहो, नीति-निर्देश यही जानते हैं।।

परजीवी ब्राह्मण घूम-घूमकर, मांगते हैं भिक्षा।
स्वर्गीय पुण्य कमाने की, शूद्रों को बेगारी की देते हैं शिक्षा।।
ज्ञान की दृष्टि से हीन शूद्र, नहीं देख पाते अपना दुख।
परिश्रमी पर स्वावलंबी नहीं, कहां जानते कोई मानवोचित सुख।।

बोलने वाली गुड़िया

सुंदर गुड़िया मेरी प्यारी।
नाम सोनुली है बड़ी न्यारी।।
हौले से उसे मैं स्नेह से उठाती हूं।
नज़र के सामने हर पल रखती हूं।।

कभी हंसे तो कभी यह रूठे।
और फिर अचानक बोल उठे।।
कभी बोले दीदी, मेरे संग खेलो तुम।
उछालो मुझे भी हवाओं के संग झूम।।

बात सुन उसकी लगा मुझे डर।
प्यारी गुड़िया को कैसे उछालूं मैं ऊपर।।
ऐसे खेल मैं क्यों खेलती।
जिसमें वह गिरकर टूट जाती।।

सीने से लगाकर उसे मैंने सहलाया।
चूमकर उसका मुख, उसे मैंने समझाया।।
ऐसे खतरनाक खेल जो खेलता।
देता है खतरे को न्योता।।

सुरक्षित खेल खेलो मेरी बात सुनो।
सोनुली, तुम भी मेरी बात सुनो।।
मेरी बस यही सलाह है।
जीवन सुरक्षित तभी खुशियां अथाह हैं।।

क्या उन्हें मानव कहा जाय?

जिनके पास ज्ञान नहीं, विद्या नहीं।
और प्राप्त करने की कोई इच्छा नहीं।।
बुद्धि है, पर व्यर्थ है सब।
क्या मानव होकर भी मानव हैं सब?
मनुष्य होकर मनुष्यता नहीं जिनमें।
क्या उन्हें मानव कहा जाय?

मुफ़्त की रोटी तोड़ते हैं।
जानवरों सा मुंह जोहते हैं।।
न कोई सोच जिनका, न कोई विचार।
कहां उन्हें मनुष्य कहलाने का अधिकार?
मनुष्य होकर मनुष्यता नहीं जिनमें।
क्या उन्हें मानव कहा जाय?

घर में ढेरों बच्चे भूख से कुम्हलाएं।
करें व्यसन और रहें बौराए।।
आलसी जो जन करें न कोई काम-धाम।
कैसे दें उन्हें मानव का नाम?
मनुष्य होकर मनुष्यता नहीं जिनमें।
क्या उन्हें मानव कहा जाय?

सहानुभूति न मिले किसी की।
न कोई मदद मिले किसी की।।

फिर भी न कोई चिंता सताती।
क्यों उन्हें मनुष्यता याद नहीं आती?
मनुष्य होकर मनुष्यता नहीं जिनमें।
क्या उन्हें मानव कहा जाय?

कर्म छोड़ भाग्य जानने को हैं लालायित।
स्वर्ग-नर्क की कल्पना से संतुष्ट हैं पराश्रित।।
पशु भी ऐसे भ्रम में न रहते।
फिर मनुष्य होकर क्यों दुख सहते?
मनुष्य होकर मनुष्यता नहीं जिनमें।
क्या उन्हें मानव कहा जाय?

औरतें दिन-रात खटती हैं।
निकम्मों की जिंदगी चैन से गुजरती है।।
पशु-पक्षियों में यह भेदभाव नहीं है।
जो न करे श्रम, वह इंसान नहीं है।।
मनुष्य होकर मनुष्यता नहीं जिनमें।
क्या उन्हें मानव कहा जाय?

दयनीय गरीबी उन्हें सताती।
किसी से न छुपते-छुपाती।।
निंदा सब उनकी करते हैं।
फिर भी श्रम कोई नहीं करते हैं?
मनुष्य होकर मनुष्यता नहीं जिनमें।
क्या उन्हें मानव कहा जाय?

लिखना-पढ़ना जानते नहीं।
किसी का उपदेश मानते नहीं।।
पशु भी जो समझते, वे समझते नहीं।
पाया तन मनुष्य का, पर हैं इंसान नहीं।।

मनुष्य होकर मनुष्यता नहीं जिनमें।
क्या उन्हें मानव कहा जाय?

पशुवत जीने में न आए कोई लाज।
गुलामी को सुख मानते हैं बे-काज।।
यह पशुता की है निशानी।
कहै सावित्री, तुम समझो मेरी वाणी।।
मनुष्य होकर मनुष्यता नहीं जिनमें।
क्या उन्हें मानव कहा जाय?

दूसरों की कोई मदद नहीं।
सेवा, त्याग, दया का भाव नहीं।।
जिनके पास कोई सतगुण नहीं।
हैं मानव, पर मानव जैसा मन नहीं।।
मनुष्य होकर मनुष्यता नहीं जिनमें।
क्या उन्हें मानव कहा जाय?

गुलामी का कोई दुख नहीं।
उसकी कोई फिकर नहीं।।
मानवता की जिन्हें पहचान नहीं।
पाएं न जग में ठौर कहीं।।
मनुष्य होकर मनुष्यता नहीं जिनमें।
क्या उन्हें मानव कहा जाय?

पशु-पक्षी, फिर बंदर हों या इंसान।
जीवन-मृत्यु सबका होता एक समान।।
इसका भी ज्ञान नहीं जिनको।
क्यों कहें मानव हम उनको?
मनुष्य होकर मनुष्यता नहीं जिनमें।
क्या उन्हें मानव कहा जाय?

अंग्रेजी माई

पेशवाओं का राज गया।
बड़ी किस्मत से, देखो अंग्रेजी माई आई।।

निराशा का गर्द अंधेरा।
स्वर्ग-नर्क के भय ने मारा।।
हीन भावना से था हर जन हारा।
ऐसे अंधेरे समय में, देखो अंग्रेजी माई आई।।

रूढ़ियों को उखाड़ फेंको।
परंपराओं को तोड़ के देखो।।
आओ लिखना-पढ़ना सीखो।
आये अच्छे दिन, देखो अंग्रेजी माई आई।।

छल-कपट युक्त ब्राह्मण धर्म है भीषण।
अज्ञानी शूद्रों का करता है शोषण।।
निर्दोषों का करते उत्पीड़न जो।
पेशवाई सत्ता वह नष्ट हुई, देखो अंग्रेजी माई आई।।

ब्राह्मणशाही की हार हुई।
अंग्रेजों की जीत हुई।।
शूद्रों के हित में यह बात हुई।।
मनु का विधान जला, देखो अंग्रेजी माई आई।।

शूद्रों को ज्ञान का सहारा मिला।
अतिशूद्रों को प्रोत्साहन मिला।।
अंग्रेजी राज में मानवोचित अधिकार मिला।
जातिभेद की भयानकता घटी, देखो अंग्रेजी माई आई।।

देश इंडिया नहीं किसी का।
न ईरानी, तातार, न यूरोपियों, न हूणों का।
नस-नस में दौड़े खून मूलवासियों का।
भर हुंकार करो जयघोष, देखो अंग्रेजी माई आई।।

समूह–गीत

(हर छंद को पांच-पांच लड़कियां समूह में गाती हैं)

पहला समूह :

सरस्वती का दरबार खुला है, आओ सब देखन चलें।
स्कूल में पढ़कर ज्ञान प्राप्त करें, चलो री सखी चलो।।
हम भी स्कूल चलते हैं, चलो री सखी चलो।

दूसरा समूह :

क्या है खास इस दरबार में? बेकार का बवाल।
छोड़ पढ़ाई, चलो खेलने चलो।।
कुछ नहीं पाठशाला में, फुगड़ी* खेलते हैं, चलो री सखी चलो।।
खेलने जाते हैं चलो, चलो री सखी चलो।

तीसरा समूह :

तुम्हारी बात ठीक नहीं, घर में है काम, चलो घर चलते हैं
मां के काम में हाथ बंटाकर उसे खुश करते हैं, चलो री सखी चलो
मां को खुश करते हैं चलो, चलो री सखी चलो।

चौथा समूह :

रुको, मां से ही पूछते हैं पहले क्या करें, चलो चलें।
खेल, घर में काम या पढ़ाई, बताएगी वही, चलो चलें।।
मां की सलाह लेते हैं, चलो री सखी चलो।

मां :

आत्मसम्मान से जीने के लिए पढ़-लिख लो।
स्कूल जाओ, तुम स्कूल जाओ।।
असली गहना है शिक्षा, इसे ग्रहण कर सुंदर बन जाओ।
स्कूल जाओ, तुम स्कूल जाओ।।
सबसे पहले पढ़ाई, फिर खेलकूद तुम करना।
फुरसत हो तो घर में हाथ बंटाना।।
लेकिन स्कूल जाओ, तुम स्कूल जाओ।

अंत में सब मिलकर :

सरस्वती के दरबार में शिक्षा लेने चले चलो।
विद्या देवी को प्रसन्न कर वर मांगने चले चलो।।
अज्ञान और दरिद्रता की गुलामी तोड़ने चले चलो।
युगों-युगों की दासता को उखाड़ फेंकने चले चलो।।

आराम की न करो कामना।
दृढ़ता से शिक्षा को थामना।।
जाने मत दो यह सुनहरा अवसर।
ऐसा मौका नहीं आता अक्सर।।
करो न शिकायत या न आलस, स्कूल जाकर।
पढ़ने चलो।
युगों-युगों की गुलामी की बेड़ियां तोड़ने चलो।
चले चलो।

अज्ञान

एक ही शत्रु हम सबका।
पीट-पीटकर उसे भगाना है।।
दूजा उसके कोई दुश्मन नहीं।
ढूंढ़ो उसे अपने मन में, छिपा न रह जाए कहीं।।

पूरे जतन से ढूंढ़ा उसको?
मिल गया क्या वह तुम सबको?
सोचकर बता दो बच्चो।
नाम उसका क्या है बच्चो?

हार गए?
मानते हो हार?
चलो मैं बताती हूं उस दुश्मन का नाम।
ध्यान से सुन लो तुम उसका नाम।।

हां, वह है अज्ञान।
पकड़कर उसे पीटना है
अपने बीच से दूर भगाना है।।

सावित्री और जोतिबा के बीच संवाद

सावित्री :
चांद अस्त हुआ, सूर्योदय संग आई उषा।
कैसे जगमगा रही है पूरब दिशा।।
दिखाकर क्षितिज, सावित्री जोतिबा से कहे।
पूर्व दिशा को पैनी नज़र से देखते रहे।।

जोतिबा :
चलो बगीचे में बैठते हैं दोनों संग।
मिलकर देखते हैं भोर के सुंदर रंग।।
गुलाबी गोल वह सूरज का।
आसमान में ऊपर चढ़ रहा।।
तितलियां मंडरातीं फूलों पर।
पंछी गाते गीत पेड़ों पर।।
सुगंधी बयार बहे, सृष्टि में आई बहार।
खिली प्रकृति देख रजनी गई दुख से हार।।

सावित्री :
रजनी की है इच्छा, सृष्टि अंधेरे में डूबी रहे।
कभी न हो सवेरा, धरती अंधकारमय रहे।।
उल्लू की है यही कामना।
सूरज का बददुआओं से करे सामना।।

विषैली रजनी अब तो बीत गई।
नये उजाले से सृष्टि आलोकित हुई।।

जोतिबा :
सच कहती हो, दूर हुआ अंधेरा।
शूद्रों-महारों के लिए आया नया सवेरा।।
दीन-दलितों को अज्ञानी रखना।
लोगों को अमानवीय बनाना, उल्लू की कामना।।
मुर्गे को लाख ढंक दो, बांग वह फिर भी देता है।
भोर के आगमन की खबर लोगों को सुनाता है।।

सावित्री :
गुलामी की काली रात बीती, दूर हुआ अज्ञान।
उगते सूरज ने जगाकर दिया है सबको ज्ञान।।
शूद्रों के क्षितिज पर जोतिबा रूपी सूरज उगा।
असाधारण तेजस्वी, शूद्रों के लिए नया सवेरा जगा।।
मानवता के पथ पर चलें, रहे न लक्ष्य हमारा अधूरा।
मानवता को शिखर पर पहुंचाने का व्रत हमारा हो पूरा।।

सावित्रीबाई फुले द्वारा जोतीराव को भेजे गए पत्र

पत्र क्र.1

10-10-1856

सत्यरूप जोतिबा स्वामी को
सावित्री का साष्टांग प्रणाम
प्रस्तुत है पत्र का हेतु,

मेरी तबीयत में काफ़ी उतार-चढ़ाव आने के बाद अब जाकर थोड़ी ठीक हुई है। इस बीमारी के दौरान मेरे भाई ने अपार श्रम करके मेरी सेवा की। इससे पता चलता है कि वह कितने स्नेही स्वभाव का है। मैं पूरी तरह से ठीक होते ही पुणे आ जाऊंगी। आप चिंता न करें। फ़ातिमा पर काम का अतिरिक्त बोझ पड़ रहा होगा, लेकिन जानती हूं कि वह शिकायत नहीं करेगी। बहरहाल यहां ऐसे ही बातचीत हो रही थी। तब अचानक मेरा भाई कहने लगा कि, तुम और तुम्हारे पति बहिष्कृत हो और तुम दोनों मिलकर महार, मांग आदि निम्न जातियों के लिए जो काम करते हो, वह पतित है और हमारे कुल के लिए कलंक है। इसलिए मेरा तुमसे आग्रह है कि तुम दोनों को भट-ब्राह्मणों का कहना मानकर, जाति-रूढ़ि के हिसाब से चलना चाहिए। उसकी बेलगाम और नासमझी वाली बातें सुनकर मां का चेहरा उतर गया। भाई वैसे दयावान है, मगर संकीर्ण विचारों का होने के कारण उसने हम दोनों को दोष देते हुए हमारी निंदा की। मां को बुरा लगा और उसने भाई पर गुस्सा हुए बिना उसे सुना दिया कि अगर भगवान ने तुम्हें मधुर वाणी दी है तो उसका इस प्रकार से दुरुपयोग मत करो। मां की बातें सुनकर भाई शांत हो गया और शर्मिंदा होकर उसने चुप्पी साध ली। मैंने उसकी बातों का खंडन करते हुए उससे कहा, "भाई तुम्हारी सोच संकीर्ण है और ब्राह्मणों की शिक्षा के कारण तुम्हारी बुद्धि कमज़ोर हो गई है। तुम बकरी, गाय को प्यार से सहलाते हो; नागपंचमी को जहरीले नाग को पकड़कर दूध पिलाते हो। महार-मांग भी तो तुम्हारे जैसे इंसान ही हैं, फिर उन्हें अछूत क्यों

मानते हो?" ऐसा मैंने उससे पूछा। ब्राह्मण जब अपने पूजा के वस्त्रों में होते हैं तब तुम्हें भी तो अपवित्र मानते हैं; वे तुम्हें भी महार ही मानते हैं। ऐसा क्यों? मेरी बातें सुनकर वह शर्मिंदा हो गया और मुझसे पूछने लगा कि हम महार-मांगों को क्यों पढ़ाते हैं। उसने कहा कि तुम्हारे इस कार्य के कारण लोग तुम्हें बुरा-भला कहते हैं और तुम्हें परेशान करते हैं। यह सब मुझसे नहीं देखा जाता। मैंने उसे उन तमाम कार्यों के बारे में बताया जो अंग्रेज महार-मांगों के उद्धार के लिए कर रहे हैं। साथ ही उसे यह भी समझाया कि विद्याविहीन होना किसी भी इंसान के लिए पशुता की निशानी है। समाज में ब्राह्मणों की श्रेष्ठ स्थिति का आधार विद्या ही है। विद्या की महिमा अपरंपार है। जो भी उसे ग्रहण कर लेता है, उसकी नीचता दूर भागती है और उसे श्रेष्ठता प्राप्त होती है। मेरे स्वामी जोतिबा महान और भले आदमी हैं। इस देश में शायद ही कोई व्यक्ति हो, जो उनकी बराबरी कर सके। जोतिबा महार-मांगों के पढ़ने तथा इंसान की तरह जीने के अधिकार के लिए इन भट-ब्राह्मण नामक केंचुओं से लड़ते हैं और महार-मांगों को पढ़ाते हैं। इस शुभ कार्य में मैं भी उनका साथ देती हूं। इसमें अनुचित क्या है? हम दोनों मिलकर लड़कियों को पढ़ाते हैं, स्त्रियों को शिक्षा प्रदान करते हैं, महार-मांगों को शिक्षित करते हैं। इससे ब्राह्मणों के वर्चस्व को ठेस पहुंचेगी, यह जानकर वे हमारे द्वारा मानवता को स्थापित करने के प्रयासों को 'अब्राह्मण अब्राह्मण' कहकर दुत्कारते हैं और तुम्हारे जैसे लोगों के मन में गंदगी भर देते हैं।

मैंने उससे कहा कि तुम्हें शायद याद होगा कि गुणों को पहचानने वाली अंग्रेज सरकार ने एक कार्यक्रम आयोजित करके मेरे पति के अच्छे कार्यों का गुणगान करके उन्हें सम्मानित किया था। इससे अशिष्ट और उजड्ड लोगों को काफ़ी शर्मिंदगी झेलनी पड़ी थी। मैं तुम्हें यकीन के साथ कह सकती हूं कि मेरे पति तुम्हारे जैसे वारकरियों[1] की तरह हरिनाम नहीं जपते, बल्कि प्रत्यक्ष रूप से हरि का काम करते हैं। और मैं इस कार्य में उनकी मदद करती हूं। यह काम इतना आनंददायी है कि मुझे इससे परमानंद की प्राप्ति तो होती ही है, लेकिन इसके अलावा यह भी दृष्टिगोचर हो जाता है कि मनुष्य अगर चाहे तो क्या कुछ नहीं कर सकता। मेरा भाई और मेरी मां, दोनों मेरी बातों को ध्यान से सुन रहे थे। भाई को अपने कहे पर पश्चात्ताप हुआ और उसने मुझसे मांफी मागी। मां कहने लगी, "सावित्री तुम्हारी जुबान पर सरस्वती का वास है। तुम्हारी ज्ञान

1. महाराष्ट्र में- पदयात्रा करके पंढरपुर जैसे तीर्थ जाने वाले लोग

की बातें सुनकर मैं धन्य हो गई।" दोनों की बातों से मुझे परम संतोष मिला और मैं भावुक हो गई। इस घटना से आप जान गए होंगे कि पुणे में हमारे खिलाफ दुष्प्रचार करने वाले भांड बहुत हैं। वैसे ही यहां भी हैं। उनसे डरकर हम अपना काम क्यों छोड़ दें? बल्कि हमें लगातार और ऊर्जा से यह पुण्य काम करते रहना चाहिए। भविष्य में हमीं को कामयाबी मिलेगी। इससे अधिक लिखने को अब कुछ शेष नहीं है।

आपकी
सावित्री

पत्र क्र. 2

नायगांव, खंडाला, जि.सातारा
ता. 29 अगस्त, 1868

सत्यरूप जोतिबा स्वामी को
सावित्री का साष्टांग प्रणाम,

पत्र लिखने का कारण यह है कि आपका पत्र मिला। यहां सभी लोग खुशहाल हैं। आने वाली पांच तारीख तक मैं पुणे आऊंगी। आप मेरी चिंता न किया करें। यहां एक अनोखी घटना घटित हुई है। गणेश नाम का एक ब्राह्मण, जिसे धार्मिक ग्रंथों में रुचि है, गांव-गांव जाकर लोगों को पंचाग समझाकर उसी से अपनी आजीविका चलाता है। घूमते-घूमते वह हमारे गांव पहुंचा। लेकिन यहां आकर उसकी मुलाकात सारजा नामक युवती से हुई, जो अभी-अभी सयानी हुई थी। दोनों को एक-दूसरे से प्यार हो गया और अब उस युवती को उस युवक से बच्चा होने वाला है। वह छः महीने की गर्भवती है। गांव के जो दुष्ट, बददिमाग लोग हैं, उन्होंने उन दोनों के बारे में पता चलते ही उनकी काफ़ी पिटाई की और उन्हें गाजे-बाजे के साथ गांव की गली-गली में घुमा रहे हैं। वे उन दोनों को जान से मार डालना चाहते हैं। यह भयानक बात जैसे ही मुझे पता चली, मैं दौड़ते हुए वहां पहुंची और भीड़ को अंग्रेज सरकार का धौंस दिखाकर उन्हें उस भयंकर कृत्य से रोका। सदु भाई ने सख्ती दिखाकर उन दोनों से बातचीत की और यह उपाय सुझाया कि इस ब्राह्मण के बच्चे और इस महार लड़की को तुरंत हमारे गांव से निकल जाना चाहिए। वे दोनों इस बात के लिए राज़ी हो गए। इस तरह से मैंने किसी तरह उन दोनों की जान बचाई। लोगों को यह सब बहुत अद्भुत लग रहा था। वे दोनों मुझे देवी मानकर मेरे पैरों

पर गिरकर रोने लगे। उनका रोना रुक ही नहीं रहा था। मैंने किसी तरह से दोनों को समझा-बुझाकर आपके पास भेज दिया है। इसके अलावा और क्या लिखूं? बस कृपा दृष्टि रहे आपकी। यह विनती है।

आपकी

सावित्री जोतिबा

पत्र क्र. 3

ओतूर जुन्नर,
20 अप्रैल, 1877

सत्यरूप जोतिबा स्वामी को
सावित्री का साष्टांग प्रणाम,

पत्र लिखने का प्रयोजन यह है कि बीते वर्ष 1876 के बाद अकालरूपी विभीषिका तेज़ी से बढ़ रही है। सब लोग चिंताग्रस्त हो गए हैं। इंसान और जानवर दोनों भुखमरी के कारण दम तोड़ रहे हैं और धरती पर लाशों का ढेर बढ़ता जा रहा है। इंसानों को खाने के लिए न तो अनाज मिल रहा है और न ही जानवरों को चारा-पानी। नतीजतन कई लोग अपना गांव छोड़कर दूसरी जगह चले जा रहे हैं। कई लोग खुद के बच्चों तथा स्वस्थ युवतियों को बेचकर गायब हो रहे हैं। नदी-नाले, सोते सब सूख कर वीरान हो गए हैं और उनकी जगह अब मृगजल दिखाई देने लगा है। पेड़-पौधों के पत्ते सूखकर ज़मीन पर गिर रहे हैं। धरती पर दरारें पड़ गई हैं, जिनमें से शरीर को चुभने वाली गरम हवाएं निकलती हैं। अनेक लोग भूख-प्यास से व्याकुल होकर बेहोशी की हालत में ज़मीन पर गिरते जा रहे हैं। बहुत सारे लोग नागफनी खाकर काम चला रहे हैं और पानी की जगह मूत्र पी रहे हैं। देह त्याग देने के पहले इस तरह से वे अपनी भूख और प्यास मिटाने का प्रयास करते हैं और फिर मृत्यु के सामने हार मान लेते हैं। यही फिलहाल यहां का भयानक समाचार है।

सत्यशोधक समाज के लोगों ने इस क्षेत्र के लोगों को खाद्यान्न पहुंचाने तथा हिम्मत दिलाने के लिए अकाल राहत कमेटियां बनाई हैं। भाई कोंडाजी और उनकी पत्नी उमाबाई अपनी जान से ज्यादा मेरा खयाल रखते हैं। ओतुर के

शास्त्री, गणपती सखाराम, डुंबरे पाटील इत्यादि हमारे सत्यशोधक समाज के कार्यकर्त्तागण आपसे मिलने आने वाले हैं। आप सतारा से ओतुर होते हुए अहमदनगर आ जाते तो अच्छा होता। रा.ब. कृष्णाजी पंत लक्ष्मण शास्त्री इनके बारे में आपने भी बहुत सुना होगा। उन्होंने मेरे साथ अकालग्रस्त गांवों में जाकर अकाल से पीड़ित लोगों को भौतिक सहायता प्रदान की। चिंता का एक दूसरा कारण यह था कि सेठ-साहुकारों को लूटना, उनका नाक काटने जैसे दुष्कृत्य यहां होने लगे थे। बड़ी-बड़ी डकैतियां होने लगी हैं। यह सुनकर कलक्टर यहां पहुंच गया। उसने राय-मशविरा करके गोरे सार्जंट को भेजकर यहां पहरा बिठाया। हमारे पचास सत्यशोधकों को वे पकड़कर ले गए। उसने मुझे बुलावा भेजा। तब मैंने जाकर उससे कहा कि सबसे पहले झूठे आरोप लगाकर जो हमारे लोगों को कैद में रखा गया है, उन्हें छोड़ दो। कलक्टर न्याय-पसंद आदमी है। वह गोरे फौजदार पर नाराज़ हो गया और उससे पूछा, "क्या गांव के पाटिल डाका डालते हैं?" उसने फौजदार को आदेश दिया कि हमारे लोगों को तुरंत छोड़ दिया जाए। कलक्टर अकाल से मची तबाही देखकर दुखी हो गया। उसने लोगों का दर्द महसूस करके तत्काल हमारे केंद्र में जवार से लदी चार गाड़ियां भिजवा दी। उसने कहा कि आप लोग जो कल्याणकारी काम कर रहे हैं, उसमें हमेशा मेरी सहायता होती रहे और आपके इस दिव्य सेवाकर्म में मैं भी अपना योगदान दे सकूं, बस मेरी इतनी ही इच्छा है। इसके अलावा और क्या बताऊं? आपकी कृपा बनी रहे। यह विनती।

सावित्री जोतिबा

सावित्रीबाई फुले के भाषण

विषय : उद्योग, विद्यादान, सदाचरण, व्यसन, कर्ज।

प्रकाशक : शास्त्री महाघाट, 1892, वत्सल प्रेस, बड़ौदा।

उद्योग

उद्योग का मतलब ही है उद्यम। इसलिए हरदम मेहनत करें। इसी उद्यम के तहत अध्ययन करना, खेती में खटना, कोई व्यापार या धंधा करना जरूरी है, जिससे न सिर्फ हम अपना उपार्जन में भी हाथ बंटा सकें, बल्कि अन्य मनुष्यों के लिए सुख-सुविधा जुटाने में अपनी भूमिका का निर्वहन करें। जो भी उद्योग या कामकाज जनोपयोगी हों, वे सब उद्यम के अंतर्गत आते हैं और इनके जरिए मनुष्य को सुख प्राप्त होता है। मनुष्य के सुख को बढ़ाने के लिए पैसा एक मुख्य साधन है और इसकी जरूरत पूरी करने के लिए उद्योग या काम करना आवश्यक है, यह सभी जानते हैं।

"अजगर करै न चाकरी, पंछी करै न काज..." या "काश बैठे-बैठे कोई हमारे मुंह में निवाला डालता" इस सोच के लोग निहायत ही आलसी होते हैं, इसमें कोई संदेह नहीं। इसलिए दिनभर, बिना थके काम करते रहना ही मनुष्य का सबसे श्रेष्ठ धर्म है और यही उसका सबसे कल्याणकारी मित्र भी है। सबको यह बात गांठ बांध लेनी चाहिए कि इससे बढ़कर मनुष्य का दुनिया में कोई लाभदायी मित्र हो ही नहीं सकता।

यह मित्र हमें उपार्जन करने में सहायता करता है और हमारे सुख में बढ़ोत्तरी करता है। इसलिए उद्योग का साथ कायम रखकर अगर हम उस पर भरोसा करते हैं तो यह हमेशा हमारे काम आएगा, यह मैं दावे के साथ कह सकती हूं।

ज्यादातर लोग यह कल्पना करते हैं कि भगवान उनकी सहायता करेगा; लेकिन यह सहायक सचमुच अस्तित्व में नहीं होता और उसके ऊपर भरोसा नहीं किया जा सकता। वह मानव और उद्योग में फूट डालता है और उनमें आपसी दुश्मनी पैदा करता है, जिसके कारण मनुष्य आलसी हो जाता है। लोगों में यह आम मान्यता है कि पिछले जन्म के पाप-पुण्य पर आधारित मनुष्य की अगले जनम में स्थिति और सुख-दुख सब तय होता है। इस नियतिवादी सोच

के कारण महार, मांग, कुनबी और मराठा, इन सभी जातियों के लोगों को नीच घोषित कर दिया गया है और हजारों वर्षों तक उनकी इस परिस्थिति में कोई परिवर्तन नहीं हुआ है। ज्ञान तथा अर्थ पर एकाधिकार रखने वाले लोगों का ईश्वर सुखी नहीं कर सकता; वह उनके पूर्वनिर्धारित भाग्य को बदल नहीं सकता। दुर्गति और निर्धनता को कोई बदल नहीं सकता, यह मान लेने के कारण शूद्रातिशूद्रों ने इसे अपनी नियति मानकर पशुओं जैसा जीवन स्वीकार कर लिया और आजकल उसी स्थिति में जी रहे हैं। वे यह भूल चुके हैं कि वे इंसान हैं और जानवरों की तरह गुलामी के उद्योग करने लगे हैं। इन उद्योगों में ज्ञान की जरूरत न होकर केवल जानवरों जैसी ताकत लगानी होती है। इसके सहारे वे केवल जिंदा रह सकते हैं।

उद्योग दो तरह के होते हैं। एक वह, जिसमें बुद्धि का भी इस्तेमाल होता है और दूसरा, वह जिसमें बुद्धि का बिल्कुल प्रयोग नहीं करना पड़ता। पढ़ना यह भी एक उद्योग है, जिसमें आंख और कान जैसे इंद्रियों के अलावा बुद्धि का प्रयोग करना जरूरी होता है। "दे दो माई, रोटी दे दो" ऐसे चिल्लाते हुए भीख मांगना भी एक उद्योग है, लेकिन इसमें बुद्धि का प्रयोग नहीं होता। कुछ उद्योग जिनमें हाथ-पैर इत्यादि का इस्तेमाल होता है, उनमें साथ-साथ बुद्धि की भी जरूरत होती है। मनुष्य ने जबसे मानसिक और शारीरिक श्रम करना शुरू किया, तबसे उसके अनेकानेक उद्यमों से एक से बढ़कर एक अनेक उत्तम वस्तुओं का निर्माण किया गया है, जिन्हें देखकर दिमाग अचंभित हो जाता है। यूरोप के लोगों ने घड़ियां, दूरबीन, स्टीमर, ट्रेनें और मिलों का आविष्कार किया और हर जगह उद्योग शुरू किए। ये उद्योग उनकी असाधारण बुद्धि के कारण संभव हो पाए और इनके कारण मानवता का विकास हुआ। अज्ञान की परंपरागत ढंग से चली आ रही बेड़ियों में जकड़े हुए शूद्रातिशूद्रों को उद्यमी और परिश्रमी बनाने के लिए ये उद्योग महत्वपूर्ण भूमिका निभाने वाले हैं, इसमें कोई दो राय नहीं।

यूरोप के लोग अगर आस्तिक होते तो शायद वे ऐसे अद्भुत आविष्कार नहीं करते। उनके उद्योगों में समय का बहुत महत्व होता है और वे हर काम नियत समय पर करते हैं। वे अपनी जिंदगी का सख्ती से हिसाब रखते हैं। अंग्रेज लोग भी पहले असभ्य और अशिष्ट थे, लेकिन रोमन लोगों के साथ रहकर वे मेहनती और उद्यमी बने। इसी वजह से उनका देश उद्योगों का भंडार बना और वहां के लोगों के कदम उन्नति की ओर बढ़ने लगे। वे विद्या, कला तथा उद्योगों

के क्षेत्रों में काफी सशक्त हो गए। हमारे देश में मुट्ठीभर अंग्रेज व्यापार करने आए और उन्होंने एक विशाल साम्राज्य की स्थापना की। यह उनके औद्योगिक कुशलता तथा बौद्धिक ताकत के कारण संभव हुआ। इसका भाग्य से कोई संबंध नहीं। भाग्य या पूर्व निर्धारित जीवन पर विश्वास रखने वाले लोग आलसी और भिखारी होते हैं और उनका देश हमेशा किसी न किसी का गुलाम बना रहता है। हमारा देश हिंदुस्तान इसका सुस्पष्ट उदाहरण है।

यूरोपीय विशेषज्ञों के अनुसार दो हजार वर्ष पूर्व यह देश काफी उन्नत था और यहां के लोग उद्यमी तथा ज्ञानी थे। लेकिन ईरानी, हूण, तातार लोगों ने, जिन्हें बाद में क्रमशः ब्राह्मण, क्षत्रिय और वैश्य के नाम से जाना जाने लगा, ने पूरी सभ्यता का विनाश कर दिया। यहां के मूलवासियों को उन्होंने भाग्य और देवी-देवताओं की सनक की लत लगाई और उन्हें अपने बजाय नियति पर भरोसा करना सिखाया। इन द्विजों के आगमन से यहां के मूलनिवासियों का पतन हुआ और वे पशुतुल्य बन गए। अंग्रेजों के आने के बाद यहां के शूद्रों-अतिशूद्रों इत्यादि को विद्या अर्जित करने में धीरे-धीरे रुचि पैदा हो रही है और वे आहिस्ता-आहिस्ता उद्योग करने की ओर बढ़ रहे हैं। इससे हम यह अनुमान लगा सकते हैं कि हम सभी शूद्रातिशूद्र लोग पशु जीवन से बाहर निकलकर वास्तविक मनुष्य जीवन की ओर अग्रसर हो रहे हैं।

उद्योग ज्ञान का एक रूप है, जबकि आलस भाग्य का मित्र है। उद्योग में लगा हुआ इंसान न केवल अपना सुख बढ़ाता है, बल्कि अन्य लोगों को भी सुखी करने का प्रयास करता है। जबकि भाग्यवादी सोच का इंसान बैठा-ठाला, आलसी होता है और हमेशा दुखी रहता है। इतना ही नहीं, वह दूसरों के सुख में भी जहर घोलने का काम करता है। आलस दरिद्रता का सूचक है और ज्ञान, धन व सम्मान का दुश्मन है। आलसी व्यक्ति को ये तीनों चीजें उपलब्ध नहीं होती हैं। मनुष्यता भी तंग आकर उससे दूर भागती है। मनुष्य की यह बर्बादी आलस नामक दुर्गुण से होती है। इसलिए उद्योग या श्रम करते रहना यह मनुष्य का प्रथम कर्तव्य है और इसी के जरिए वह सुखी होगा इसके बारे में मैं आपको आश्वस्त कर देना चाहती हूं। अंग्रेजी सरकार यहां के शूद्रातिशूद्रों को ज्ञान देकर उन्हें उद्यमी बनाने का भरसक प्रयास कर रही है, यह अच्छी बात है। हमें इसके लिए सरकार को धन्यवाद देना चाहिए। शूद्रातिशूद्र उद्योग के क्षेत्र में कैसे आगे बढ़ें और सरकार को और क्या-क्या करना चाहिए, यह सब मैंने उसे विस्तार से बताया है।

विद्यादान

कई लोगों के पास दया, उदारता और परोपकार जैसे सद्गुण होते हुए भी अगर उनका उपयोग संतुलन और दूरदृष्टिसंगत न हो तो उसके कुछ विपरीत परिणाम पाए जाते हैं। उदाहरण के लिए – अगर गुनहगार को दया दिखाई गई तो यह उसके गुनाह में साझेदार होने जैसा होगा। दान देना अच्छा कार्य हो सकता है, पर अगर वह यह दिखाने के इरादे से किया जाता है कि हम कितने उदार व्यक्ति हैं, तो यह सही व्यक्तियों को नहीं मिलता। बल्कि होता इसके ठीक उलट है कि यह दान-प्रक्रिया याचक की परजीविता बढ़ाने का काम करती है। दान धन का हो या खाद्यान्न का, उससे उस व्यक्ति के दुर्गुण ही बढ़ते हैं और समाज को इसके दुष्परिणाम भुगतने पड़ते हैं। दया, दान-धर्म इत्यादि जो इंसान की सहज प्रवृत्तियां हैं, उनका उद्देश्य दूसरों के दुख को बांटना या उनके मुसीबत या संकट के समय में उनकी मदद करना होता है। इस तरह से परोपकारी इंसान दूसरों की मदद करता है। लेकिन कई बार देखा गया है कि दुख, आपदाएं और मुसीबतें किसके ऊपर आ गिरती हैं? आलसी, व्यसनी एवं मूर्ख लोगों के सामने ये दिक्कतें आने की संभावना अधिक होती हैं। ज्यादातर मामलों में उनके दुर्गुणों के चलते ही उनके ऊपर मुसीबतें आती हैं और यह अपने आप में उनके लिए सजा के समान होता है। कभी-कभी ऐसा भी अनुभव किया गया है कि उनके कारण उस व्यक्ति के दुर्गुण दूर करने में सहायता मिलती है। सरकार गुनहगारों को इतनी सख्त सज़ा सुनाती है कि उसके डर से गुनहगार चोरी, हिंसा इत्यादि करने से हिचकिचाते हैं और अपराधों से दूर रहते हैं। उसी तरह से गरीबी, दुख-कष्ट, हर तरह की मुसीबतों का डर अगर मन में रहेगा तो इंसान सुधर सकता है और आलस, लापरवाही, अपव्यय इत्यादि जैसे दुर्गुणों को त्यागकर कोई सार्थक उद्योग करने में लग सकता है। इससे उसकी परजीविता खत्म हो जाएगी। इसलिए जिन्हें दया, दानधर्म करने का

शौक है, उन्हें पहले यह सोचना चाहिए कि उनके कृत्य का क्या परिणाम होगा। क्योंकि, अच्छे कार्यों को भी अगर सोच-समझकर न किया जाय तो समाज पर उसका बुरा असर पड़ने की संभावना होती है।

इंसान जब सुधर जाता है तब उसे दूसरों पर निर्भर रहने में शर्म आती है। कभी किसी संकट के कारण अगर उसे किसी की मदद लेकर जीना पड़ता है, तब भी परिस्थियों से हारे बिना उसके मन में यही चिंता होनी चाहिए कि मेहनत के बलबूते वह किस प्रकार से उस संकट को दूर कर सकेगा और फिर अपने पैरों पर खड़ा हो जाएगा। एक बार यह बात स्थापित हो जाय कि दान-धर्म में देने वाले को तो अच्छा लग सकता है पर लेने वाले को संकोच लगे, तब जाकर दान-धर्म, दया, उपकार इत्यादि गुणों से समाज पर बुरा असर न होकर यह कल्याणकारी कार्यवाही होगी।

इंसान में आलस, परजीविता इत्यादि दुर्गुणों को जो बढ़ने न दे तथा उसके अंदर के सद्गुणों को जो बढ़ावा दे, ऐसा अगर कोई धर्म होगा तो वह है विद्यादान। विद्या देने वाला और लेने वाला, दोनों इस धर्म द्वारा असली इंसान बनते हैं। इस धर्म के कारण इंसान के अंदर छुपी हुई पशुता की प्रवृत्ति लुप्त हो जाती है। विद्या देने वाला धैर्यशील और निर्भय बनता है और दूसरी ओर विद्या पाने वाला समर्थ तथा समझदार बनता है। अंग्रेज पंडित लोगों को विद्यादान देकर उन्हें समझदार बनाते हैं। ये सचमुच समझदार भट या पंडित हैं। हमारे यहां के भट लोगों को अनपढ़ रखने में उस्ताद हैं, पर यह उनकी मूर्खता है। ईरानी हिंदुस्तान में घुस गए और उसे अपने बाप की जागीर मानकर यहां रहने लगे। जब हूण आए तब ईरानियों ने उनसे कहा, "यह देश तुम्हारा नहीं है।" पर हूण फिर भी घुस गए और इसे अपने बाप की जागीर मानकर रहने लगे। पता नहीं, शायद मुगलों ने भी हमारे देश को अपने बाप की जागीर समझा। वास्तव में इतिहास यह है कि इन आक्रांताओं ने जिस देश में घुसपैठ की, वह इंडियन लोगों का था और विदेशी सत्ताओं ने यहां राज किया। इसका मूल कारण यहां के लोगों का अज्ञान ही था। दो हजार वर्षों तक इंडियन लोगों ने अज्ञान के अंधकार में गुलामी की बेड़ियों में जकड़ा पशुवत जीवन जीया यह कोई आश्चर्य की बात नहीं, बल्कि यह भट-ब्राह्मणों का षड्यंत्र था। यह सत्य हमारे सामने अंग्रेजी शिक्षा के कारण उद्घाटित हुआ है। जब विद्यादान करने के बारे में तथा विद्या प्राप्त करने में लोगों की मदद करने के लिए लोग दृढ़-संकल्प हो जाएंगे तब हम सचमुच सुधार के पथ पर चल पड़ेंगे। इससे न केवल

समाज का हित होगा, बल्कि हर व्यक्ति को सुख एवं संतोष प्राप्त होगा। अंग्रेज सरकार ने ज्ञान प्रदान करने के लिए स्कूल खोले हैं, लेकिन वे कम हैं। अगर उनकी संख्या इतनी ही रही, तो पूरे हिंदुस्तान को शिक्षित होने में कम से कम डेढ़ सौ वर्ष लग जाएंगे। मेरा तो यही मानना है। मेरा यह सुझाव है कि सरकार को शिक्षा का प्रसार और तेजी से करना चाहिए और जब तक सारे लोग शिक्षित न हो जाएं, अंग्रेजों को यहां से जाना नहीं चाहिए। महार-मांग, शूद्र, अतिशूद्र जातियों के लोग हर गांव में पाए जाते हैं। गांवों में बारह भिन्न-भिन्न काम करने वाले शिल्पी, दस्तकार, गड़ेरिये, माली, कुनबी इत्यादि बहुत सारे लोग रहते हैं। उनके पास ज्ञान, कला, जीवटता, उद्यमिता इत्यादि अनेक गुण हैं, लेकिन आजतक सरकार ने उनके गुणों का सदुपयोग करने में उनकी मदद नहीं की है। राजाओं ने उनके गुणों की उपेक्षा और अवहेलना करते हुए उनके ऊपर राज किया। इसमें कोई दो राय नहीं कि शूद्रों-अतिशूद्रों के पास बहुत सारे गुण हैं, लेकिन अज्ञानता के कारण वे यह नहीं समझ पाते कि उनकी बुद्धि तथा कौशल का कहां और कैसे प्रयोग किया जाय। उन्हें यह जानकारी ही नहीं है कि कौन-सी चीजों के उत्पादन से हमारे देश के लोगों को फायदा होगा या यह कि क्या करने से हमारी और हमारे देश की तरक्की होगी। सरकार भी इसमें उनकी कोई सहायता नहीं करती।

शूद्रातिशूद्र जाति के लोगों में इतनी अज्ञानता है कि बिना किसी के मार्गदर्शन के वे अपनी हिम्मत या अपने दिमाग से कोई नया उद्योग करने का साहस नहीं कर पाते। स्वभाव से भी वे मिलनसार नहीं रह गए हैं और लोगों से अच्छी तरह से पेश नहीं आते। खुद को कैसे सुधारें, यह भी उन्हें समझ नहीं आता। इसी अज्ञानता के कारण वे सभी आधे पेट खाकर या पूरी तरह से खाली पेट सो जाते हैं। सरकार को चाहिए कि वह इन लोगों का अपने उपार्जन के लिए मार्गदर्शन करे। या फिर गांव के धनी लोगों को गांव में उद्योग-धंधे शुरू करने चाहिए और कारीगरों को अपना व्यवहार ऐसा रखना चाहिए कि जिससे उनके गुणों का इन उद्योगों में उपयोग हो सके। उन्होंने अगर अपना व्यवहार ठीक नहीं किया तो उनकी दुर्दशा के लिए वे खुद जिम्मेदार होंगे, यह कहने की जरूरत नहीं है।

सदाचार

सदाचार एक ऐसा व्रत है, जो मनुष्य को अधिक सुख प्राप्त करने में सहायता करता है। इस व्रत से सारे संसार का दुख दूर हो सकता है। कुछ लोग सोचते हैं कि इस व्रत को करने के लिए काफी धन की जरूरत होगी; लेकिन धन और सदाचार के बीच कोई संबंध नही। सदाचार पर हमारी पूरी निष्ठा होनी चाहिए। मनुष्य को हमेशा कोई न कोई परोपकार या भलाई करने का संकल्प लेकर उसे दृढ़तापूर्वक पूरा करना चाहिए। सदाचारी व्यक्ति पर लोग भरोसा करते हैं। वे सोचते है कि यह असली इंसान है; लोगों को यकीन होता है कि वह झूठ नहीं बोलता और इसी वजह से वे भी उससे झूठ बोलने से डरते हैं। इसलिए हमें सदाचार के गुण को अपने मन में बिठाने के लिए अपने आसपास के सदाचारी लोगों का अनुसरण करना चाहिए। इससे हमारा भरोसा भी और पक्का होगा कि सदाचार का व्रत अच्छा होता है और उसके द्वारा न सिर्फ हमें फल मिलेगा, बल्कि समाज का भी कल्याण होगा।

पुणे शहर में बल्लालपंत गोवंडये नामक एक सज्जन रहते थे। वे सदाचार में दृढ़ विश्वास रखते थे और दुराचार करने से डरते थे। उनकी पत्नी गंगामाई भी गंगा की तरह निर्मल व प्रांजल इंसान थीं और साथ-साथ सदाचारी भी। लोगों की मदद करने में हमेशा तत्पर रहती थीं। इस सदाचारी दंपत्ति को जब बेटा हुआ तब उन्होंने उसका नाम 'सदाशिव' रखा। जब उनका बेटा बड़ा हुआ, तो उन्होंने उसे पढ़ने के लिए पाठशाला भेजा। अपनी संतान को शिक्षित करना हर माता-पिता का फर्ज होता है। जो माता-पिता अपने बेटे या बेटी को शिक्षा ग्रहण करने का मौका नहीं देते वे उनके शत्रु समान हैं। इसलिए सभी मां-बाप को चाहिए कि वे अपने बच्चों को विद्या ग्रहण करने का अवसर प्रदान करें। विद्या के माध्यम से बच्चे सदाचार का संकल्प लेने के लिए सक्षम हो

जाते हैं।

बल्लालपंत अपने लाडले बेटे को यह उपदेश देते थे कि "हे सदाशिव, विद्या ही मनुष्य का सबसे श्रेष्ठ धन है।" एक संस्कृत ग्रंथ में लिखा है कि–

> "विद्यावित्तविहीनेन किंकुलीनेन दोहीनाम्
> अकुलोनोपि यो विद्वान् दैवतैरपि पूज्यते"

इसका अर्थ यह है कि, जिस मनुष्य के पास विद्या का धन नहीं होता – भले ही वह ऊंचे कुल का हो – उसे कोई नहीं पूछता। सब उसे तुच्छ समझते हैं। इसके ठीक विपरीत अगर कोई हीन कुल का आदमी विद्वान हो तो देवता भी उसकी पूजा करते हैं। लोगों के बीच उसकी मान्यता होती है।

बेटा सदाशिव पिता का उपदेश अनसुना नहीं करता था। वह अपने माता-पिता का उपदेश अपने मन में जतन करके रखता था। उसने सरकारी पाठशाला में पढ़ना-लिखना, गणित, व्याकरण, खगोल विज्ञान व भूगोल सीखा। मन लगाकर पढ़ाई की और एक-एक कक्षा पास करता गया। वैसे भी सदाचारी माता-पिता के बेटे के दुराचारी होने की संभावना बहुत कम होती है। सदाशिव के निडर, मुखर एवं बुद्धिमान होने के कारण गोरे कलक्टर साहब उस पर मेहरबान हो गए। उन्होंने उसे बड़े-बड़े पुरस्कार, वस्त्र, आभूषण भेंट किए और वह सरकारी कामों के लिए योग्य होगा, यह सोचकर उसे एक कलक्टर के मातहत नियुक्त किया। आम तौर पर राजस्व के क्षेत्र में कलक्टर के तहत काम करने वाले कर्मचारी घूसखोर होते हैं। एक धनी किसान ने अपना एक काम करवाने के लिए सदाशिव को घूस देने का प्रस्ताव रखा। उस पर सदाशिव ने जवाब दिया, "पाटिल (गांव के मुखिया) ऐसी अनैतिक बातें मुझसे न करें। जो भी करना होगा वह मैं मुआयना करने के समय देख लूंगा। घूस न किसी को देनी चाहिए और न लेनी चाहिए। सरकारी काम अगर ईमानदारी से किया जाय तो उससे खुद को संतोष प्राप्त होता है।" सदाशिव की कलक्टर के तहत अभिलेखपाल के पद पर नियुक्ति हुई। वह कलक्टर के साथ क्षेत्र का मुआयना करता था। निरीक्षण करते समय जमीन जैसी होगी, ठीक वैसे न्यायसंगत ढंग से वह उसका अभिलेख बनाता था। नतीजा यह हुआ कि सरकार का उसके ऊपर पूरा भरोसा बना और वह एक बड़ा अफ़सर बन गया। इस तरह से उसने छोटी उम्र से ही अच्छी तरह से पढ़ाई-लिखाई

करके सदाचार का व्रत अपना लिया। नतीजतन भले-बुरे की पहचान उसे धीरे-धीरे होती गई। सत्कर्म क्या होता है और दुष्कर्म क्या होता है, यह उसे धीरे-धीरे समझ में आने लगा। लोगों की नज़र में उसकी एक भले आदमी के रूप में मान्यता कायम हो गई।

व्यसन

व्यसन एक ऐसा दुष्कर्म है, जिससे मनुष्य के जीवन में दुख ही दुख छा जाता है। फिर वह कोई भी व्यसन हो, उससे पारिवारिक सुख नष्ट हो जाता है। दारू, भांग, अफ़ीम, बीड़ी, चिलम इत्यादि कोई भी व्यसन हो, उससे शरीर, पैसा तथा परिवार सभी का नुकसान होता है। व्यसन के कारण मनुष्य की बुद्धि तो भ्रष्ट होती ही है, उसकी मनुष्यता भी नष्ट हो जाती है। इसलिए व्यसन एक ऐसी बुरी आदत है, जिससे मनुष्य की प्रतिष्ठा बढ़ने के बजाय उसमें कमी होती है। इसलिए थोड़ा भी विलंब किए बिना उसे त्याग देना चाहिए।

दारू का व्यसन लंबे समय तक अगर किसी व्यक्ति को लगा रहता है तो उसकी आंतों को भारी नुकसान पहुंचता है। जो लोग गांजा, तंबाकू जैसी चीज़ें चिलम में भर-भर के कश लगाते रहते हैं, वे भी ज्यादा दिन नहीं जीते। उनका शरीर कमज़ोर हो जाता है। गांजा, भांग इत्यादि के मिश्रण से नशीला धुंआ पैदा होता है, जिससे उसे जलाकर पीने वाला व्यक्ति मदमस्त हो जाता है। जब यह लत छूटने का नाम नहीं लेती, तो उसकी जकड़ में फंसा इंसान आखिर में हाथ-पैर पटकते हुए तड़प-तड़प कर मर जाता है। व्यसन के कारण मनुष्य की मति मारी जाती है और उसके पास कपड़े-लत्ते, पैसा इत्यादि जो भी पारिवारिक जिंदगी के लिए ज़रूरी सामान होते हैं, वे धीरे-धीरे बिक जाते हैं या खर्च हो जाते हैं। वह यह सब समझने की स्थिति में नहीं होता। किसी भी तरह के व्यसन के कारण मनुष्य पर एक धुंध छायी रहती है और वह सोचने-विचारने की क्षमता खो बैठता है। उस नशे में वह अपना मनुष्यत्व भूल जाता है; वह कौन है, उसकी योग्यता क्या है, ये सब उस मदहोशी में उसे समझ में नहीं आता; उसकी स्थिति जानवर की तरह हो जाती है। वह उठते-बैठते, खाते-पीते अंट-शंट बकता रहता है। उसे इस स्थिति में देखकर लोग भी उसका मज़ाक उड़ाने लगते हैं और उस पर हंसते हैं। सभ्य लोग उससे दूर भागते हैं।

जब मनुष्य किसी व्यसन के अधीन होता है, तब उसके लिए इस व्यसन से छुटकारा पाना बहुत मुश्किल काम होता है। जब तक व्यसन छूटता नहीं तब तक पैसा भी पानी जैसा बह जाता है और परिवार की स्थिति दयनीय हो जाती है। ऐसे व्यसनी लोगों का जल्द ही पतन हो जाता है और उनका जीवन मिट्टी में मिल जाता है। इसका मैं एक उदाहरण दे सकती हूं।

उसली नामक एक गांव है। इस गांव में बहुत सारे लोग शराबी थे और गांव के मुखिया को भी शराब की लत थी। गांव में इसके कारण बहुत दुराचार मच गया। मुखिया के अनपढ़ होने के कारण उसके आस-पास भी मूर्ख मित्रों का जमावड़ा लगा रहता था। सज्जन लोग उनसे दूर रहने लगे। अच्छे लोग उनके आस-पास फटकना भी नहीं चाहते थे। व्यसन के कारण व्यक्ति में कई कमियां तथा दोष पनपने लगते हैं। एक कहावत है कि "शराबी के घर में हमेशा विपत्ति निवास करती है।" इसी के अनुसार मुखिया के घर में विपत्ति का निवास होने लगा तथा उनके घर-संसार में तंगहाली दिखने लगी। दो-चार मित्रों के साथ वे जितनी मर्जी शराब पीते थे। जब शराब का नशा सर चढ़ता था तो अनाप-शनाप बकबक करते थे; जुआ खेलते थे; हुल्लड़ मचाते थे; वेश्याओं के पीछे भागते थे। उनके इस पाशविक बर्ताव की भनक गोरे लोगों को लगी। उन्होंने तुरंत उन्हें मुखिया के पद से हटाया और उनके बेटे के हवाले कर दिया। उसके कुछ ही समय बाद मुखिया गंभीर रूप से बीमार होकर मर गए। इसीलिए मनुष्य को सावधान रहना चाहिए और किसी व्यसन के बारे में सोचना भी नहीं चाहिए। व्यसनी लोगों से दूर रहने की सावधानी बरतनी चाहिए। हमें खुद शिक्षा ग्रहण करनी चाहिए और अपने बच्चों को भी शिक्षित करना चाहिए। विद्या का अभाव ही विनाश तथा अनर्थ का मूल कारण है। विद्या के अभाव में हम सत्य-असत्य की पहचान नहीं कर सकते। संत तुकाराम कहते हैं–

"सत्यकर्म करो रेः सत्यकर्म करो।
सत्यकर्म करने में ही हित हैः असत्य जनित दुख दूर करो।
भलाई को सत्य ही रास आता हैः प्रतिज्ञा है यह जगसे।
अपकीर्ति हो जिससेः पूरी तरह से त्याग दो उसे।
तुका कहै झूठ को त्याग दोः है निंदनीय, कालिख पुतती है उससे।।"

नशे से बहुत हानि होती है। जुआ खेलने से अनर्थ होता है। "जो करता है

संग वेश्याओं का, तय है उसके पूर्वजों का नर्क जाना।" दारूबाज, जुएबाज तथा रंडीबाज लोग मानवता को पैरों तले रौंद देते हैं। वे बुरा आचरण करने लगते हैं। इन तीन लतों से अगर मनुष्य दूर रह पाता है, इसी में उसका कल्याण है और तभी वह सुखी हो पाएगा। इन तीन व्यसनों के कारण कई सुखी लोग दुखी हो गए और आखिर पागल होकर कुत्ते की मौत मरे। इज्जतदार लोग व्यसनों से दूर रहते हैं और हमें उनके उदाहरणों से सीखना चाहिए।

कर्ज

"ऋण लेकर त्योहार मनाने" की इस कहावत में मनुष्य की मूर्खता या पागलपन की ओर इशारा किया गया है। इस इशारे को समझकर हम समझदारीपूर्वक व्यवहार कर सकते हैं। ऋण लेकर त्योहार मनाना और फिर उस ऋण की चपेट में आकर अपने घर-संसार को परेशानी में डाल देना कहां की समझदारी है? यह तो मूर्खता है। हर किसी को घर चलाते समय किसी खास ज़रूरत को पूरा करने के लिए कभी-कभार ऋण लेना पड़ता है। लेकिन ऋण लेने के बाद काफ़ी परेशानियों का सामना करना पड़ सकता है। अपमान तथा अन्य मुश्किलों का सामना करना पड़ता है। जिसने भी कभी कर्ज लिया है, वह जानता है कि किस तरह का तनाव झेलना पड़ता है। ऐसे तमाम लोगों के अनुभव एक जैसे ही हैं। इसलिए सबकी यही राय है कि "समझदार व्यक्ति को कर्ज लेने से बचना चाहिए।"

इस बात पर सभी सहमत हैं। फिर भी हर गांव में ऐसे लोग होते हैं, जो कर्ज तले दबे हुए हैं। इनमें से कई काम-धंधा भी नहीं करते; आलसी होते हैं। हमें जीने के लिए कुछ तो हाथ-पैर हिलाने चाहिए और कोई काम करके परिजनों का हाथ बंटाना चाहिए, ऐसा वे सोचते भी नहीं। उन्हें लगता है कि बैठे-बैठे उनको सारे सुख मिल जाएं और जब ऐसा नहीं होता तो वे उसके लिए दूसरों को कोसते हैं; ऐसा करके वे बिना काम के बेकार पड़े रहने की अपनी आदत पर पर्दा डालना चाहते हैं। कुछ लोग कर्ज लेते हैं और अपने अंदर जो उद्योग, चतुराई, साहस, बुद्धि, पराक्रम तथा उत्साह जैसे गुण होते हैं, उन्हें खो बैठते हैं। इसलिए सावित्री कहती है–

कर्ज लेते हैं जो सेठों से
दूर भागता है सुख उनसे
संकटों का उन पर टूटता है अंबार

कर्जदार हो जाते हैं लाचार ।।
चिंताग्रस्त करती है उन्हें कर्ज़ की विपत्ति
खो बैठते हैं लोग अपनी सारी संपत्ति
उलझनें बढ़ती हैं घर-संसार में
स्वाभिमान डूब जाता है ऋण के भंवर में।।

कर्ज लेना विपत्तियों को बुलावा देने जैसा है। वह कैसे किसी इंसान को दिवालिया बना देता है इसका एक उदाहरण मैं आपको देती हूं।

एक गांव में दो किसान गांव के पड़ोस में सरकारी खेती की ज़मीन पर खेती करते थे और अपने बाल-बच्चों के संग वहां खुशी से रहते थे। एक का नाम था खंडोबा तथा दूसरे का पिरोबा। दोनों के छोटे-छोटे बच्चे थे। शादी करने लायक बेटियां भी थीं। दोनों का पारिवारिक जीवन सुख से कट रहा था। दोनों के घरों में आनंदमय वातावरण था। गांव में भी लोग उनका सम्मान करते थे।

उस गांव में परदेस से एक आदमी आया। उस समय वह फटेहाल था। उसके पास केवल फटे-पुराने कपड़े, टूटा हुआ लोटा, पैबंद लगी बंडी, सिलकर जोड़ी हुई धोती आदि चीज़ें थी। यही उसकी कुल संपत्ति थी। उसकी यह दशा देखकर खंडोबा और पिरोबा को तरस आया। उन दोनों ने मिलकर उसके लिए एक छोटा-सा घर बनाया। उसे कुछ पैसे उधार देकर उसे एक छोटी-सी दुकान खोलने के लिए मदद की। कुछ ही दिनों में इस गरीब दिखने वाले आदमी ने अपना व्यापार कौशल इस्तेमाल करके गांव के किसानों को कर्ज देना शुरू किया। वह उनके घर के सामान गिरवी रखवाता था और उनको कर्ज देकर उसे ब्याज सहित वसूलता था। इस तरह से उसने हजारों रुपए कमाए और खुद सेठ बन बैठा। अब इस सेठ से खंडोबा और पिरोबा ने बेटियों के ब्याह के लिए पांच-पांच सौ रुपए कर्ज लिया। दो-तीन सालों तक उनका यह खाता चलता रहा। इस दौरान सेठ ने मूल रकम पर चक्रवृद्धि ब्याज लगाकर हरेक का कर्ज पांच सौ से डेढ़ हज़ार तक पहुंचा दिया। कर्ज चुकाने के लिए दोनों हर साल खेत में जितनी उपज होती थी, वह पूरी की पूरी इस सेठ को दे देते थे। लेकिन उसे वह बही खाते में दर्ज ही नहीं करता था। कर्ज, उस पर ब्याज एवं उस पर चक्रवृद्धि ब्याज यह सिलसिला रुकने का नाम ही नहीं ले रहा था। तंग आकर खंडोबा और पिरोबा सेठ से झगड़ा करने लगे। इस पर सेठ ने ज़मीन-जायदाद संबंधित कचहरी में शिकायत की। फैसला सेठ के पक्ष में हुआ। दोनों की ज़मीन

को सरकार द्वारा जप्त कराकर, उन्हें सार्वजनिक रूप से नीलाम करके सेठ ने अपना सारा पैसा वसूल कर लिया। तब उन बेचारे किसानों के पास गांव छोड़कर जाने के अलावा और कोई रास्ता नहीं था। वे अपने परिवारों को लेकर दूसरी जगह जाकर बस गए। इसका सेठ को थोड़ा भी अफ़सोस नहीं हुआ।

खंडोबा-पिरोबा की इस दास्तान से यह स्पष्ट होता है कि कर्ज लेकर लोग कैसे बर्बाद होते हैं।

बावन्नकशी सुबोध रत्नाकर

प्रस्तावना

जिनके कारण मैं काव्य रचती हूं।
जिनके कारण परमानंद का रस पीती हूं।।
जिन्होंने दी बुद्धि मुझ सावित्री को।
उन योगी जोतिबा को मैं प्रणाम करती हूं।।

कठिन प्रयासों से सरल कविताएं रचती हूं।
सोच-विचार कर गीत-संदेश सब लिखती हूं।।
बड़े आदर से अपने पति को अर्पित करती हूं।
लौकिक हैं मेरी रचनाएं, पर प्रयास मैं करती हूं।।

शूद्रों की करें सेवा, साहस उनका बढ़ाएं।
ऐसे सक्रियता से जोतिबा अंधकार मिटाएं।।
जो न कभी हैं मानते, न कोई जात और न पात।
उन्हें अर्पित मेरा काव्य, नमन करे सावित्री जोड़े हाथ।।

भावुक होकर सभी शूद्रों से सावित्री कहे।
उनके हित में सर्वदा के लिए यह काव्य रहे।।
गीतों में लिखती हूं मैं महान पुरखों की कथा।
जन-जन की गुलामी का इतिहास और व्यथा।।

सिद्धि

ढूंढती हूं इतिहास मैं अपने इंडिया का।
अधर्मी ईरानी, आततायी विदेशी अक्रांताओं का।।
तातार[1] भी व्यवहार से बर्बर थे।
आक्रांता धर्म के अनुसार घुसकर रहते थे ।।

टीका लगाकर आर्य विजेता वे कहलाते।
खुद को उच्च व शूद्रों को नीच जाति बताते।।
गुलामी की रूढ़ियां लाद धर्म का प्रचार वे करते।
जिसके कारण स्त्रियां और शूद्र पशुवत जीवन जीते ।।

इन भक्षकों ने छीनी उनसे उनकी मनुष्यता।
चारों वेदों में वर्णित है उनकी सारी पशुता।।
अहंकार में अंधे करते जुल्म भयंकर।
तब जन्मे बुद्ध, दी उन्हें कड़ी टक्कर।।

ठना घनघोर युद्ध बौद्ध-ब्राह्मण में।
जीत हुई ब्राह्मणों की, रक्त की नदियां बही कानन में।।
समाज में रहे वर्चस्व, कर विचार चार वर्ण बनाए।
रहे अनेकता शूद्रों में, इसलिए जाति और उपजाति बनाए।।

1. मध्य एशिया का एक प्रदेश। वहां से आए लोगों को तातार कहा जाता है।

वर्ण-जाति में लोगों को बांट दिया।
इंसानों को इंसानियत से काट दिया।।
शंकराचार्य की शिष्याएं घूमकर करती थीं प्रचार।
फैलाती थीं पाखंड और रूढ़ि-आचार-विचार।।

रहते खुद लिप्त जो भोग-विलास में।
सद्बुद्धि कैसे प्राप्त होती उन्हें जग में।।
मन में जब इच्छा भोग-विलास-पाप की।
कैसे पूरी हो कामना उन्हें मोक्ष लाभ की।।
तर्क-ज्ञान का दावा कर लोगों को सताते कुतर्की।
स्मृतियों कल्पित ग्रंथों की बातें करते वे अनर्थी।।
ढोंग-पाखंड ब्राह्मण करते, देते सबको नित दिन धोखा।
जप-तप और पूजा-पाठ से ढोंगी रचते स्वांग अनोखा।।

अज्ञान, अविचार और मूर्खता जहां।
कैसे रह सकता है भला धर्म वहां।।
स्वधर्मियों को गुलाम बनाना जिनका कर्म।
ऐसे धर्मांधों का कहां कोई मानवोचित धर्म।।

मनु द्वारा कल्पित बनाए वर्ण जहरीले।
रूढ़ि-अनाचार से करते मानव पथ पथरीले।।
स्त्रियां-शूद्र गुलामी की गुफ़ा में बंद हो गए।
पशुवत जीवन के अंधकार में सब खो गए ।।

फिर मुसलमान और ईसाई आए।
कई लोग जीने को नया धर्म पाए।।
स्वधर्म में हिंदू रहते थे भांटगिरी में संलिप्त।
हो जाते उनकी चाकरी में शूद्र आजीवन लिप्त।।

अधर्मी जब सत्ता पर काबिज हो गए।
अपने ही धर्म में शूद्रातिशूद्र खारिज हो गए।।
स्वधर्म में शूद्र सहते थे यातना-प्रताड़ना।
पशुवत जीवन उन्हें पड़ता था काटना।।

इसीलिए शिवाजी ने स्थापित किया स्वराज।
तब जागा शूद्रातिशूद्रों का सोया समाज।।
सुखी किया उनको देकर मानवोचित अधिकार।
पर आगे न उठा पाए लाभ शिवसत्ता का, कर न सके प्रतिकार।।

पेशवाई

आगे चलकर पेशवाओं का राज आया।
उनके जुल्म-उत्पीड़न से शूद्रातिशूद्रों में डर समाया।।
थूकने को लटकाना पड़ता था गले में मृद्भांड।
पदचिन्ह मिटाने को चलना पड़ता कमर में झाड़ू बांध।।

कहने को स्वराज स्वधर्म, पर छिपे थे बाघ के दांत।
अपना दुख-कष्ट दमित, किसी से नहीं सकते थे बांट।।
प्रजा से एक-सा व्यवहार जो करते, शासक वे कहलाते।
पर कुशासक के राज में, शूद्र सारे जीते छटपटाते।।

पर-स्त्रियों को बुलाकर बाजीराव करता अनर्थ भारी।
निजपत्नी को भेज देता बाहर निर्लज्ज व्यभिचारी।।
ब्राह्मणों को भी सताती थी यह स्त्रैण शाही।
कहते वे भी, जल्द खाक हो यह पेशवाई।।

शिव शंकर की पुण्य धरा पर भी लूट मचाई।
ऐसी अधर्मी थी वह अनैतिक पेशवाई।।
आगे चलकर हुआ इस मूर्खसत्ता का नाश।
हर्षित सारे जन हुए जो थे मजबूर-निराश।।

पेशवाओं ने स्त्रियों-शूद्रों को बहुत सताया।
जिसके कारण देश में अंग्रेजों का राज आया।।
बाल नातू[2] ने जब अंग्रेजों का झंडा फहराया।
दलदल के कीड़ों ने उसे निंदनीय ठहराया।।

शूद्रातिशूद्रों को मिला जब अंग्रेजों का साथ।
पेशवाई मिटाने कूद पड़े सब ले हथियार हाथ।।
सबने मिलकर पेशवाओं को परास्त किया।
इस तरह समझदार अंग्रेजी राज का मार्ग प्रशस्त किया।

2. 17 नवंबर, 1817 को जब अंग्रेजों ने शनिवार वाडा पर चढ़ाई की, तब बालाजी पंत नातू ने अंग्रेजों का झंडा फहराया था। वह चितपावन ब्राह्मण था।

अंग्रेजी राज

करते जो नौकरी अंग्रेजों की, अशूद्र वे कहलाते।
शूद्र स्त्रियों का था मान, सब अशूद्र की उपमा पाते।।
अंग्रेजी सत्ता का जब देश में उभार हुआ।
मराठी समाज में भी कुछ सुधार हुआ।।

इतिहास में दर्ज हैं घटनाएं सब भूतकाल की।
उद्धृत है जीवनी भी जोतिबा महान की।।
जैसे प्रेरक और श्रवणीय है जुबान अंग्रेजी की।
वैसे ही प्रेरणादायक है कथा जोतिबा के सम्मान की।।

शिक्षा पाने को सुपात्र है देश में हर इंसान।
शासक-कुलीन की अंग्रेजी भाषा देती है यह ज्ञान।।
आंखें हमारी हैं पढ़ने-लिखने के लिए।
शिक्षा है जरूरी, स्त्रियां-शूद्र सबके आगे बढ़ने के लिए।।

बजता है डंका अंग्रेज़ी भाषा का
दूजी ओर डर है अंग्रेज़ी शासन का
अनपढ़ों को मिलता है पढ़ने का अवसर
कसते हैं शिकंजा वे चोरी डकैती पर

पाठशाला में ईसाई शिक्षक हैं अच्छे।
स्नेहपूर्ण शिक्षा पाते हैं सभी शूद्र बच्चे।।
कहते हैं लोग ईसाई हांकते हैं भेड़ों को।
बकबक हैं करते केवल शोर मचाने को।।

युगों-युगों से रखे गए हैं शूद्र तमाम अभागे।
दुख ही दुख दिये बामन ने, रहा सुख उनसे कोसों आगे।।
मूक पशुओं-सा है जीवन उनका।
पर अफ़सोस नहीं किसी को इस पाप का।।

जिन्हें जीवन-मरण का भी नहीं भान।
जानवरों के जैसे हैं, अपने कष्टों से भी अनजान।।
बुद्धि-ज्ञान से रखे गए हैं जो वंचित।
सुख से संबंध नहीं, रहे दमित के दमित।।

खेती-किसानी जो मेहनतकश करते हैं।
अज्ञानवश केवल खेती को उत्तम कहते हैं।।
गर्व क्या केवल गोरी-चिट्टी बेटी पर।
जब अधिकार नहीं धन-शिक्षा पर?

करते हैं जो नृशंस कृत्य नितदिन।
दूसरों के सुख से रखते द्वेष वे मूरख हर दिन।।
लालची हैं जो पर-स्त्री और धन के।
हकदार नहीं वे मानव कहलाने के।।

ऐसे लोगों का न कोई धर्म और न नीति।
पशुओं के जैसी उनकी नीच अभिवृत्ति।।
जनम उनका यह हुआ बेकार।
शूद्रों को मनुष्यता का नहीं मिला अधिकार।।

अंग्रेज़ी कालदर्श का सत्ताइसवां साल जब आया ।
इतिहास के क्षितिज पर एक ध्रुवतारा जगमगाया।।
पददलितों का नवयुग वह, आरंभ था समाज सुधार का।
पुणे के एक घर में जन्म हुआ जोतिबा महान का।।

जोतिबा

मां चिमनाबाई और पिता गोविंदराव जी।
जिनके घर में जन्मे बालक जोतिबा जी।।
दोनों धन्य हुए पाकर यह विलक्षण धन।
कोटि-कोटि करूं उन्हें मैं नमन।।

नौ माह बाद चिमना माय गुज़र गई जब।
नन्हे जोतिबा को हुई बहुत तकलीफें तब।।
पर जोतिबा को फिर मिली प्यार की आहट।
ममतामयी सगुणा की गोद की गर्माहट।।

विजातीय, विधर्मीय पादरियों से वह पढ़ा।
मिशनरियों के संग बाल जोती हुआ बड़ा।।
दयाशील सगुणा[3] की छत्र-छाया में रहकर।
करता याद अंक और पहाड़े वह दिनभर।।

फिर जब स्वधर्मियों ने दबाव बनाया।
गुरुजी की पाठशाला में पिता ने नामांकन कराया।।
मिशनरी स्कूल में पढ़ाई से था दुष्टों को ऐतराज।
पर सर लिजिट[4] ने दिया गोविंदराव का साथ।।

---

3. सगुणाबाई क्षीरसागर जोतीराव फुले की बुआ थीं, जो खुद बाल विधवा थीं। उनके लालन-पालन में ही फुले मिशनरी स्कूल में पढ़े और वहां प्रगतिशील मूल्यों से उनका परिचय हुआ।

4. सर लिजिट और गफ़्फ़ार बेग जोतीराव फुले के पिता गोविंदराव के दोस्त थे। जब सामाजिक दबाव में गोविंदराव बालक जोतीराव को मिशनरी स्कूल से हटाने लगे तब इनकी मदद से सगुणाबाई ने ऐसा होने से रोका।

हुई शादी किशोरावस्था में जब खेती करते थे।
अत्यंत मेधावी वे अंग्रेजी खूब पढ़ते थे।।
मुझे और सगुणा माय को पढ़ाते रोज पाठ।
ऐसे असामान्य कार्य से मिली हमें अनुपम सौगात।।

सच्चा ज्ञान पाकर जोती हुए संपन्न।
फिर सोचा कैसे सुधारें अपना समाज विपन्न।।
लड़कियों और शूद्रों के लिए खोली पाठशाला।
साहस कर उन्होंने अद्भुत इतिहास रच डाला।।

उनके साहस का विधर्मी पादरियों में था बहुत मान।
पर स्वधर्मी पंडितों को लगता अपने धर्म का अपमान।।
की मेरी भी निंदा और गोबर-पत्थरों की बौछार।
पर रहे प्रतिबद्ध हमदोनों, न मानी हमने हार।।

अपने घर का कुंआ भी महार-मांगों के वास्ते खोल दिया।
मानव सेवा ही सच्ची सेवा, सबको हमने बोल दिया।।
दलितों को मिला जो सच्चा ज्ञान और जीने का अधिकार।
पर यह कोई चमत्कार न था, जोतिबा के युग का था उभार।।

सतायी हुई गर्भवती महिलाओं को समझाकर।
उन्हें आश्रय दिया हमने प्रसवशाला बनाकर।।
दाई, दवा, खाना-पानी सबका था इंतजाम।
मुझ सावित्री के ऊपर था यह सारा काम।।

फिर शिशु आश्रम में बच्चों का लालन-पालन।
सावित्री-जोतिबा मिलकर करते कर्म यह पावन।।
फिर एक रात अचानक हमलावर आए।
पर सुन जोतिबा की डांट, वे चुपचाप लौट गए।।

जैसे थे तुकाराम, वैसे ही जोतिबा हैं आज के संत।
ज्ञान-सुधा देते लोगों को, और नए मूल्य-विचार अनंत।।
अद्भुत द्रष्टा है यह नायक, सक्रिय और नामी।
कहें जोतिबा, सभी रूढ़ियां हैं प्रतिगामी।।

सबको सरल और सत्य धर्म की राह दिखाई।
ऊंच-नीच का भेद नहीं, सबको यह बात बताई।।
समाज में चेतना लाने को लिखा विपुल साहित्य।
पढ़कर सुहाने गीत और संदेश, पाते सब उनका सान्निध्य।।

कहै जोतिबा अंग्रेजी है मां के दूध समान।
पीकर जिसे पाते कुलीनों के बच्चे अवसर और सम्मान।।
जोतिबा शूद्रों से करते शिक्षा का आह्वान।
शिक्षा से मिलेगा सुख, शांति और समाज में मान।।

सहज संबोधन करते वे शूद्रों से।
क्या नाता मुगलों, ईरानियों और आर्यों से।।
आक्रांताओं का भ्रामक इतिहास तुम छोड़ो।
तथ्य सारे सत्य-असत्य की तुला पर खुद तौलो।।

उपसंहार

पौराणिक कथाएं पढ़ी और दर्शन खूब सारे।
शूद्रों का ही यह इंडिया, बाहरी हैं भट सारे।।
शूद्रों का जीवन सुधारने को जलता है यह दीपक।
कहै सावित्री जोतिबा हैं उनके पथप्रदर्शक।।

निराधार, दुखी स्त्रियों के वह पिता-माता।
निर्बल, अनपढ़ लोगों के मुक्तिदाता।।
ज्ञानी हैं कर्मयोगी वह सच्चे।
सहते कष्ट, पर थे इरादे पक्के।।

जन्म लिया उसने एक शूद्र माली परिवार में।
पर करते न कोई भेद माली-महार में।।
चिरंजीवी जोति का मनु से श्रेष्ठ हुआ नाम।
ऐसे जोतिबा को मेरा कोटि-कोटि प्रणाम।।

सोचा सुंदर कहानियां रचूं मैं।
लोगों के वास्ते सरस गीत लिखूं मैं।।
मैंने रचा काव्य अपने मन की सुनकर।
गीत ये गाना तुम, उनका सच समझकर।।

इनसे थोड़ा भी ज्ञान अगर विस्तृत हुआ।
समझूंगी श्रम मेरा फलित हुआ।।
कैसा है मेरा काव्य, सच बात बताएं।
मनोहर है या रम्य, अब आप ही सुनाएं।।

।। विशुद्ध सुबोध रत्नाकर समाप्त ।।

[मिती (तिथि) शुक्ल पक्ष 15 शके 1813, रात के 2 बजकर 20 मिनट पर यह ग्रंथ पूर्ण किया।।]

हस्ताक्षर
सावित्री जोतिबा फुले

सावित्रीबाई फुले द्वारा संपादित
जोतीराव फुले के भाषण

[यह किताब श्रीमती सावित्रीबाई फुले द्वारा मिसेस मिचेल एवं रेवरिंड. मिचेल के प्रोत्साहन से संकलित की गई तथा पुणे के अश्ममुद्र (लिथोग्राफ) मुद्रणालय में छपवाई व प्रकाशित की गई]

मुद्रक : चार्ल्स जोशी
25 दिसंबर, 1856

अति प्राचीन काल

1. मानव की उत्पत्ति : इस पूरे अगम्य व रहस्यमय आकाशरूपी शून्य में भिन्न-भिन्न तरह के तत्वों के बीच रासायनिक-भौतिक क्रियाओं से अनगिनत सौरमंडलों तथा उनके ग्रहों-उपग्रहों की उत्पत्ति होती है और फिर कालांतर में उनका नाश होता है। उद्भव तथा विनाश के कालचक्र से ही यह घटनाक्रम हमेशा चलता रहता है। कुछ लोग इसे सृष्टिक्रम कहते हैं। आकाश में इसी सृष्टिक्रम से पैदा हुए कई सौरमंडलों के ग्रहों पर स्थिरचर(अचल), जलचर तथा स्थलचर आदि प्रकार के जीव-जंतु होंगे। हमारे भूमंडल पर पाए जाने वाले तमाम प्राणियों में मानव सबसे श्रेष्ठ प्राणी है। मनुष्य ने इस पर शोध किया कि गोबर में जो कीड़े पाए जाते हैं, वे छांव में, धूप में तथा दलदली ज़मीन पर कब और कैसे पैदा होते हैं। इससे मनुष्य ने यह निष्कर्ष निकाला कि जैसे गोबर में मौजूद द्रव्यों की रासायनिक क्रिया से परिस्थिति और समय के अनुसार अलग-अलग जगहों पर तथा अलग-अलग काल के अनुसार एक ही गोबर के ढेर के तीन हिस्सों में जो प्राणी पैदा हुए, उन्हें कीड़े की संज्ञा दी गई। इसके अलावा उसने यह भी निष्कर्ष निकाला कि जैसे ये कीड़े पैदा हुए, कुछ उसी तरह से सभी प्राणियों की उत्पत्ति हुई। इस जीव-सृष्टि में काई, तोता, बंदर व मानव आदि ये तमाम जीव-जंतु शामिल हैं और इन सभी के बीच निकट संबंध है। सृष्टिक्रम के अनुसार इन जीव-जंतुओं में बदलाव होते हैं। बंदरों का पशुजाति से परिवर्द्धित होकर एक बिल्कुल नया, विजातीय मानव प्राणी बनना यह कोई जादू से या चुटकी बजाते हुई घटना नहीं है। यह प्रक्रिया लाखों वर्षों तक चली और बदलाव तदनुसार होते चले गए। हाल में ऐसा मत डार्विन ने प्रतिपादित किया है। अगर इसे सच मान लिया जाय तो अलग-अलग धर्मों की मानव उत्पत्ति की राय खंडित हो जाएगी। वेदों के अनुसार (हिंदू धर्म) ब्रह्मदेव के शरीर पर अलग-अलग जगहों पर स्थित जननेंद्रियों से ब्राह्मण, क्षत्रिय, वैश्य व शूद्र, इन चार प्राणियों का जन्म हुआ। पारसी धर्म के अनुसार उनके

सर्वोच्च देवता अहुरा मज़दा ने मानवों की उत्पत्ति की। बौद्ध या जैन धर्मों के अनुसार युगलों के संगम के कारण प्राणियों की उत्पत्ति हुई। ईसाई धर्म में माना जाता है कि प्रभु ने आदम का निर्माण किया और फिर उसकी एक पसली से हौव्वा को पैदा किया। उसके बाद आदम और हौव्वा के संगम से सारे मानवों की उत्पत्ति हुई। इन विविध मतों पर बहस-मुबाहिसा किए बिना तथा धार्मिक बहसों में उलझे बिना हम यह मानकर चलते हैं कि इनमें से किसी एक प्रक्रिया से मनुष्य की उत्पत्ति हुई होगी।

2. पशु-पक्षी तथा मानव : जब प्राणी मात्र की उत्पत्ति हुई तब अलग-अलग जीव-जंतुओं ने परिस्थितियों के अनुसार जीना सीखा और प्रकृति से तालमेल बिठाते हुए तरह-तरह के कला-कौशल से खुद को बचाते हुए जीने लगे। ऐसा नहीं है कि पशु-पक्षियों में खुद को सुरक्षित रखने का यह हुनर नहीं है। उनके घोसले, शरीर पर बाल, ऊन, सरकंडा इन सबकी बुनावट इतनी अद्भुत होती है कि हमें प्रभावित किए बिना नहीं रह सकती। जीने के लिए जिन चीजों की जरूरत होती है, उन सभी के बारे में उन्हें सहज व नैसर्गिक रूप से जानकारी होती है। पशु-पक्षियों को बिना बताए ही अपने पूर्वजों या अपनी प्रजाति के जैसे संतोषजनक ढंग से जीना ज्ञात होता है। मनुष्य प्राणी भी शुरू में पशुओं के जैसे ही बर्ताव करता था। अब ऐसा नहीं है। अबाबील पक्षी हजारों वर्ष पहले जिस तरह का मिट्टी का घोसला बनाती रही, ठीक उसी तरह का घोसला आज भी बनाती है। हज़ारों वर्ष पहले के और आज के घोसले में रत्तीभर फर्क नहीं है। पशु-पक्षियों की बुद्धि सीमित होने के कारण वे अपने जीने के अंदाज में सुधार या बदलाव नहीं ला सकते। लेकिन मनुष्य की बात अलग है। वह जन्म के समय किसी गौरैया या कौवे के बच्चे की ही तरह महज एक मांस का गोला रहा होगा। ऐसे अनेक मांस के गोले विशालकाय हिंसक पशुओं के शिकार बन गए होंगे। कई बचे भी रहे होंगे। अपनी-अपनी जान बचाने के लिए वे फिर कहीं जाकर छुप गए होंगे। बड़े होकर वे पत्थरों या पेड़ों की मजबूत टहनियों का हथियार की तरह इस्तेमाल कर हिंसक पशुओं से लड़ना सीख गए होंगे। वे पेड़ों पर या पहाड़ों पर कोई सुरक्षित जगह या गुफा ढूंढकर उसमें सोते होंगे, जंगली फल या जंगली जानवरों का मांस नोंचकर खाने के बाद घुटनों और हाथों के बल कुत्तों की तरह छपाछप पानी पीते होंगे। पुनरुत्पादन के लिए पशु-पक्षियों में उम्र या रिश्ते-नातों की कोई पहचान नहीं होती। मनुष्य भी प्राथमिक

दौर में इसी पशुवृत्ति से जीता था। माता-पुत्र, पिता-कन्या इनके बीच रिश्तों पर कोई प्रतिबंध नहीं था। वे भी आपस में लैंगिक रिश्ते बनाते थे। यूरोप के महान इतिहास शोधक बताते हैं कि प्रारंभिक दौर में मनुष्य भी पशु-पक्षियों की तरह नग्न अवस्था में घूमता था। उसे इस पर कोई लज्जा नहीं लगती थी। एक श्लोक में ऐसा लिखा है कि उस दौर में पशु-पक्षियों तथा मनुष्यों में खाना-पीना, सोना, जान की रक्षा करना तथा कामेच्छा तृप्त करना, ऐसे स्वाभाविक गुण एक समान थे–

आहारनिद्राभय मैथुनंच।
सामान्यमेतत्पशुभिर्नराणाम्।।
ज्ञानं नराणामधिको विशेषो।
ज्ञानेनहीनाः पशुभिः समानाः।।

इसका अर्थ यह है कि खाना-पीना, सोना, भय एवं मैथुन – ये मनुष्य तथा पशुओं में एक समान होते हैं। मनुष्य में अगर कुछ खास है तो वह है ज्ञान। इसलिए ज्ञान के अभाव में मानव पशु समान होते हैं। पशु-पक्षियों को सहजात बुद्धि होती है और अपने मनोभाव व्यक्त करने के साधन भी उनके पास होते हैं। कीड़े-मकोड़े अपने स्पर्शेंद्रियों से एक दूसरे को इशारे करते हैं। अभिव्यक्ति और चाल उनकी सहज भाषा है। जानवरों तथा पक्षियों में यह भाषा अलग-अलग होती है। बार्कर नामक व्यक्ति ने इस पर शोध किया है। मनुष्य की शुरुआती भाषा भी कुछ इस प्रकार की ही पशु-पक्षियों की तरह कुछ खास आवाजों व स्वरों तथा गिने-चुने शब्दों की रही होगी, जिससे वे एक-दूसरे को अपने मनोभाव अभिव्यक्त करते होंगे। लेकिन अगर हम तीन चीजों पर गौर करें – मानव की नए-नए आविष्कार करने की बुद्धि, पशुओं की सीमित नैसर्गिक बुद्धि तथा पूरी सृष्टि की रचना – तो हमें सृष्टि के निर्माता की ऐसी योजना नज़र आती है, जिसके तहत सभी प्राणी मानव के अधीन रहकर उसके सुख की उत्पत्ति के साधन बने तथा सृष्टि में मौजूद तमाम पदार्थ भी मानव को सुख प्रदान करने के काम आए। सृष्टि में ज्यादातर पदार्थ द्रव्य के रूप में बने हुए हैं, लेकिन उपयोगात्मक रूप में नहीं। उदाहरण के लिए मनुष्य को अनाज पीसने में काम आने वाला जांता। पत्थर, मिट्टी वगैरह द्रव्य तो प्रकृति में अस्तित्व में हैं, लेकिन कुछ काम की चीजें जैसे जांता, मिट्टी के बर्तन इत्यादि अपने-आप निर्मित नहीं हुई हैं। सृष्टि में मौजूद द्रव्यों या पदार्थों से काम की चीजें बनाते-बनाते मनुष्य को उन पदार्थों का धर्म, स्थिति, गति, महत्व इत्यादि

धीरे-धीरे समझ में आने लगे। उसके लिए आज तक हज़ारों बुद्धिमान एवं मेहनती लोगों ने अपनी जिंदगी खर्च कर डाली है। इन्हीं लोगों के अनुभवों से उपजे ज्ञान तथा प्रयोगों से जन्मे सिद्धांतों से भौतिकशास्त्र का निर्माण हुआ। यह सब पशुओं के लिए असंभव है और यही पशु तथा मानव के बीच का मूल भेद है।

3. जंगली अवस्था में जीने वाला मानव : जब मनुष्य अन्य पशुओं की तरह जंगल में ही रहता था तब उसे न तो शस्त्र बनाने की जानकारी थी और न ही वस्त्र बनाने या ओढ़ने-पहनने की बुद्धि। इसलिए वह अपने सर के बालों को बढ़ने देता था, जटाओं में तब्दील होने देता था, आदमियों की दाढ़ी के बाल भी बढ़ते रहते थे। उनके हाथों और पैरों के नाखून बढ़कर लंबे-लंबे हो जाते थे। वे नग्न अवस्था में घूमते रहते थे। उन्हें मिट्टी या धातु के बर्तन बनाने की जानकारी न होने के कारण वे नदी के किनारे घुटनों के बल झुककर पानी के पास अपना मुंह ले जाकर या अंजुरी में पानी भरकर अपनी प्यास बुझाते होंगे। जांते या तवे जैसे उपकरण की जानकारी न होने के कारण उन्हें आटे की 'भाकरी' या रोटी नसीब नहीं होती होगी। मरे हुए भेड़ों की खाल उतारने की प्रक्रिया से अनजान होने के कारण वे नंगे-पांव ही घूमते होंगे। जंगली अवस्था में होने के कारण संभव है कि वे खुद को जिंदा रखने के लिए और अपनी खुशी के लिए अपने से दुर्बल मनुष्यों को मारकर अपनी भूख मिटाते होंगे। दया-कृपा जैसी भावनाओं से अनजान होने के कारण स्त्रियों का पीछा करके, उनके साथ बलात्कार करके वे अपनी लैंगिक इच्छा पूरी करते होंगे। उसी तरह से बलवान मानव दुर्बल मानवों पर हावी होकर उनको जान से मार देते होंगे। कुल-मिलाकर यह कि सभी मानव एक ही वंश के थे और उन्हें रिश्ते-नातों की कोई समझ नहीं थी।

अभी कबीले नहीं बने थे और न ही यह शब्द अभी अस्तित्व में आया था। इसलिए जो मानव जिस स्त्री से जन्म लेता था, उससे भी संबंध रखता था और उस स्त्री से पैदा हुए अन्य मानवों से भी उसके लैंगिक संबंध बनने में कोई रोक-टोक नहीं थी। यानि अति प्राचीन काल में मानवों के बीच मां-बाप, भाई-बहन, पति-पत्नी ऐसे रिश्ते बने ही नहीं थे। ये रिश्ते पशु-पक्षियों के बीच अब भी नहीं होते। लेकिन जो लोग अब भी असभ्य तरीके से जीते हैं, उन्हें दयालु व परोपकारी अंग्रेजी 'भट' सुधारने का प्रयास कर रहे हैं और अंग्रेज सरकार

उन्हें इस काम के लिए प्रोत्साहित कर रही है।

4. मानव का सुधार : मानव की बुद्धि पशुओं की तरह सीमित तथा संकुचित न होकर तेज़ व गतिमान होती है, जिसके कारण वह किसी भी कर्म के बारे में संपूर्ण विचार कर सकता है। इसी विशेष गुण के कारण उसने सुधारों को अपनाना शुरू किया और खुद सुधरने लगा। एक प्रजाति के पशु झुंड बनाकर जीते हैं। वैसे ही एक प्रजाति के पंछी भी एक झुंड में रहते हैं। इन्हें देखकर मानव भी समूह या दल में रहने लगा। सृष्टि में जो पदार्थ हैं, पशु-पक्षी हैं, पानी में रहने वाले मगरमच्छ, मछलियां इत्यादि प्राणी ही मानव के असली गुरू थे। मानव ने सबको अलग-अलग नाम दिए। आगे चलकर इसी से मानव टोली की भाषा उत्पन्न हुई। हर टोली की अलग भाषा होती थी। इस प्रकार से मानव ने सबसे पहले अगर कुछ ईज़ाद किया होगा तो वह है– भाषा। अपने मुंह से ध्वनि पैदा करना स्वाभाविक प्रक्रिया थी। उन ध्वनियों से अलग-अलग शब्द बनाना यह मानव जाति का आविष्कार था। हिरणों के झुंड में पांच से पच्चीस मादा व दो-चार नर होते हैं। उसी तरह से मानवों की टोली में पांच से पच्चीस नारी और दो-चार नर होते होंगे, जो एकजुट होकर रहते होंगे और सामूहिक रूप से शिकार करते होंगे। उसके बाद वे शिकार को आपस में समान हिस्सों में बांटते होंगे। रात के समय एक साथ रहने के लिए वे जंगल में या पहाड़ों और पठारों पर कटीली टहनियों से झोपड़ियां बनाकर रहने लगे होंगे। कभी यह मानव टोली अगर दूसरे जंगल में शिकार करने गई होगी तो वहां अपने जैसे अन्य मानवों को देखकर चौंक गई होगी और उसने उनके ऊपर हमला बोल दिया होगा। इस लड़ाई में अगर उन्होंने दूसरी टोली को पराजित किया होगा तो उस टोली के कुछ नर-नारियों को पकड़कर अपने साथ ले आए होंगे। हो सकता है कुछ दो-चार सुंदर, ताकतवर नरों को रखकर बाकी नर-नारियों को जान से मारकर उनका मांस खाया होगा। लड़ाई का कौशल तभी से पैदा हुआ और मानव ने समूह में रहकर एक से एक बलशाली और हिंसक बाघ, सिंह जैसे जानवरों का भी खात्मा करना सीख लिया। मानव शिकार करने में कुशल हो गया। शिकार करते-करते विभिन्न टोलियों में भी लड़ाई होने लगी। पराजित टोली के लोगों को पकड़ कर ले जाया जाता था। उनमें से सुंदर, हट्टे-कट्टे नरों को लेकर विजेता टोली की नारियों में आपसी द्वेष पैदा होने लगा। ऐसी बातों से निपटने के लिए टोली की रानी को कुछ नियम बनाने पड़े होंगे। इससे ऐसा

लगता है कि जंगली अवस्था में होने के दौरान ही मानव ने – एक-दूसरे से संपर्क करने के लिए भाषा, खाने-पीने के लिए शिकार का कौशल, निश्चिंत होकर सोने के लिए पास-पास बनाई हुई मजबूत झोपड़ियां, शत्रु के डर से और उनका मुकाबला करने के लिए अपनी टोली में एकजुटता तथा स्त्री-पुरुषों को मनचाहे ढंग से लैंगिक सुख प्राप्त करने के लिए बनाई गई रूढ़ियां – ऐसी कई चीज़ें अपने जीने तथा सुख भोगने के लिए खोज निकाली थीं।

दावानल यानी जंगल में लगी आग देखकर उसने आग जलाना सीख लिया और फिर शिकार किए हुए जानवर का मांस आग पर भूनकर खाने लगा। आग के आविष्कार के बाद प्राचीन मानव तेज़ी से विकसित होने लगा। वह नुकीले पत्थरों को हथियार बनाकर शिकार करने लगा तथा दुश्मन से भी निपटने लगा। जल्द ही उसने बर्तन बनाना सीख लिया और उनमें पकाकर खाना खाने लगा। इसी तरह से समय बीतते-बीतते उसे अनाज उगाने के बारे में पता चला। तब से वह खेती करने लगा और एक जगह बस्ती बनाकर रहने लगा, ताकि खेती की देखभाल कर सके। जिस ज़मीन पर टोली घर बनाकर रहती थी, वह गांव की सामूहिक ज़मीन मानी जाती थी और उसे सफेद ज़मीन कहा जाता था। जहां अनाज उगाया जाता था, उसे काली ज़मीन कहा जाता था और इस पर गांव के सभी लोगों का सामूहिक अधिकार होता था। कुछ आर्य भटों का कहना है कि प्राचीन समय में कुछ गोरे रंग के तोते की चोंच जैसी नाक वाले लोग आए और उन्होंने गांव पर कब्जा जमा लिया। गांव के निवासियों को उन्होंने खदेड़ दिया। कुछ लोगों का कहना है कि गांव में आर्य लोग रहने लगे, इसलिए उस ज़मीन को सफेद कहा जाने लगा। आर्यों ने गांव के लोगों को गुलाम बना लिया और उनसे खेती का काम करवाने लगे। ये गुलाम काले रंग के थे, जिसकी वजह से खेती की ज़मीन को काली कहने की प्रथा शुरू हुई। लेकिन शायद यह बामनों का शेखी बघारने का तरीका था। सच्चाई यह है कि गांव में जो घर बनते थे, वे सफेद मिट्टी से ही बनते थे और खेती की ज़मीन थोड़ी काली या लाल होती थी, जिसके कारण सफ़ेद और काली कहने का रिवाज़ पड़ा।

5. बलिराजा का बलिस्थान : हिंदुस्तान वह देश है, जहां इंडियन नाम के मानव-वंश की उत्पत्ति हुई। बहुत प्राचीन समय में यहां अखंड मानव समाज की अनेक टोलियां रहा करती थीं। आज जिनकी पहचान शूद्रातिशूद्र नाम से

संकुचित की गई है, असल में वे यहां के मूलनिवासी थे। वे बर्बर और क्रूर ईरानी, आर्य, ब्राह्मणादि विपरीत लोगों से ज्यादा सभ्य, अच्छे विचारों के तथा विकसित थे और वे अपने स्वदेश, यानि बलिस्थान में जगह-जगह गांव बसाकर स्वतंत्रतापूर्वक खुशी से जी रहे थे। उनकी स्वतंत्र रहने की प्रवृत्ति व शत्रु से बचाव के लिए उठाए गए कदमों के कारण उनकी अनेक टोलियां आकर यहां बस गईं। कोलमुड, मालरह, महार, मांग, संथाल, गोंड आदि जातियां उन्हीं के अवशेष हैं। इसके अलावा गांव के अलग-अलग काम संपन्न करने के लिए इंडियन वंश में महार, सुनार, बढ़ई इत्यादि व्यवसाय भेद पैदा हुए। 'कोलीचन' नामक इंडियन वंश की एक शाखा थी, जिसके लोगों की बस्तियां छोटानागपुर, विंध्य पर्वत, कोल्हापुर जैसे इलाकों में पाई जाती हैं। उनकी एक अलग भाषा है। गांव में जिस ज़मीन पर लोगों की बस्ती बसी है, उसे ये मां की कहते हैं और खेती की ज़मीन को मंडी। जैसे पहले और लोग सफ़ेद और काली कहा करते थे। ये गांववासी 'सफ़ेद' में रहकर जंगल में जाकर खेती करते थे। इन सभी इंडियन लोगों का एक उपनाम क्षत्रिय भी था और उसका सबको अभिमान था। आज के दौर में जिन्हें शूद्र, अतिशूद्र आदि कहा जाता है, उन असली इंडियन लोगों की मूल दंतकथाएं, रीति-रिवाज़ इत्यादि को अगर गहराई से खंगाला जाय तो उससे हमें उनके पूर्वजों का इतिहास पता चलता है। गांव में सब क्षत्रिय लोग रहा करते थे और उनके बीच बंधुत्व का रिश्ता था। उनमें ऊंच-नीच का कोई भेदभाव नहीं था। हर गांव में समता, स्वतंत्रता तथा समाधान इन तीन उपलब्धियों के कारण सुख और प्रसन्नता का वास था।

हर गांव में महार, कुनबी, माली, मराठा (रट्ठ), चरवाहा तथा क्षत्रिय किसान थे और बलिराजा के भक्त थे। सभी ग्रामवासी दीर्घायु हों, सुखी हों और बलि की कृपा से गांव में सुख-समृद्धि आए, इस कामना से सभी किसान मिलकर बलियज्ञ करते थे। पांच ऐसे क्षत्रिय समूह थे, जो गांव की 'सफ़ेद' ज़मीन पर रहकर 'काली' ज़मीन से अनाज का उत्पादन करते थे। गांव में कुम्हार, लोहार, बढ़ई, नाई व धोबी, ये पांच बलवान गुट थे। बाद में बलवंत का अपभ्रंश 'बलुत' (मराठी) ऐसा हो गया और इन विविध पेशे के लोगों का गांव में बहुत महत्व हुआ करता था। शुरुआती दौर में हर गांव में सभी क्षेत्रवासी किसानों का एक ही समूह होने के कारण खुद को क्षेत्रीय कहते थे। आगे चलकर जैसे-जैसे सुधार हुए वैसे गांव का कारोबार थोड़ा जटिल होता गया और नतीजतन गांव में कुनबी सभा, बाहती सभा और रैयतसभा – ऐसी तीन

सभाएं बनाई गईं। इनकी राय से गांव का सारा कारोबार चलाया जाता था। इसी को बाद में ग्राम पंचायत कहा जाने लगा। पंचायत या रैयत या किसानों या सर्वसामान्य लोगों का राज था और यह प्रजा अपने आप में बलशाली थी। इसीलिए इनके गांव के राज्य को "बलिराज्य" कहा जाने लगा। हिंदुस्तान में गांव-गांव में इस तरह का "बलिराज्य" होने के कारण इस देश को 'बलिस्थान' नाम दिया गया। इस विशाल बलिस्थान में प्राचीन काल में जो शासक थे, वे आज के कुनबी, मराठा, माली इत्यादि शूद्र तथा महार, मांग, चमार इत्यादि अतिशूद्रों के पूर्वज थे। आपको इस पर अभिमान होना चाहिए, यह बताना ज़रूरी नहीं है। हमारे भविष्य के विकास में इस इतिहास का बहुत महत्व है। बल्कि उसे जाने बिना हम कदम आगे बढ़ा नहीं सकते। भूतकाल में हमारे पूर्वजों का पराक्रम और महान कार्य तथा वर्तमान समय में हमारी नीच जातियों में गिनती इन दोनों तथ्यों को आमने-सामने रखे बिना हम सही सुधार नहीं कर पाएंगे।

इतिहास

1. बामनियन नाइट्स : भूतकाल में घटी हुई घटनाएं कैसे घटीं, कहां घटीं, क्यों और कब घटीं, उससे समाज संपन्न हुआ या विपन्न, इसके बारे में मोटा-मोटी जानकारी इकट्ठा करके जिस ग्रंथ में प्रस्तुत की जाती हैं, उसे 'नामा' इतिवृत्त इत्यादि नाम दिए जाते हैं। भट-ब्राह्मणों ने उसे इतिहास-पुराण कहा है। दुनियाभर के मानवों के बीते हुए काल की अच्छी-बुरी सत्य घटनाओं के बारे में जिस ग्रंथ से पता चलता है, उसे इतिहास कहते हैं। लेकिन भट-बामनों ने इतिहास को उप-पुराण समझकर बीते हुए समय के बारे में झूठ और मनगढ़ंत कहानियां लिख डालीं। ठीक उसी तरह से जैसे पुरोहित राजाओं को सुनाया करते थे। गप्पें हांकने वाला पुरोहित या मन में गढ़-गढ़ कर कहानी सुनाने वाला ऋषि यही गुरू हुआ करते थे। दोनों बढ़ा-चढ़ाकर बातें बनाने के लिए जाने जाते थे। इसलिए उनके पुराणों को इतिहास नहीं कहा जा सकता। इस पर इतिहास पर शोध करने वाले अमरीकी तथा यूरोपियन लोगों का स्पष्ट मत है कि लोक-पुराण महज मतलबी किताबें हैं, जिनमें ब्राह्मणों का महिमामंडन किया गया है। लोगों के मनों पर यह अंकित करने की कोशिश की गई है कि ब्राह्मण ईश्वर से भी श्रेष्ठ हैं। उन्हें भूदेव का दर्जा देकर यह स्थापित किया गया है कि लोगों को उनकी पूजा-अर्चना करनी चाहिए।

इस काम को सफलतापूर्वक करने के लिए संभवतः प्राचीन पुराणों में धार्मिक गुरुओं ने अनेक दंतकथा एवं मनगढ़ंत गाथाएं रचकर पूरी खिचड़ी पकाई। उन्होंने ब्रह्मा के बारे में कई काल्पनिक कहानियां लिखकर लोगों को ऐसा दर्शाया कि वे ब्रह्मा ने खुद सुनाई हैं। उनके द्वारा पराजित लोगों को उनकी काल्पनिक कथाओं पर यकीन दिलाने के लिए उन्होंने विष्णु की एक और काल्पनिक और लंबी-चौड़ी गाथा रची। ईरानी-आर्य-बामनों ने पराजित लोगों को ग्रंथों में लिखे निर्देशों के हिसाब से जीने की नसीहत दी थी। इसलिए ये

ब्रह्मा के सपूत खुद को भूदेव समझने लगे और वहां के मूलनिवासियों के साथ जानवरों जैसा बर्ताव करने लगे। साथ ही अपने इस ब्रह्मकपट या षड्यंत्र को पराजित लोगों से छुपाए रखने के लिए तथा ग्रंथों में भी अपने मन मुताबिक बदलाव किए जा सके इसे निश्चित करने के लिए उन्होंने गुलामों को ज्ञान से पूरी तरह से वंचित रखा। धार्मिक मुखौटा पहनकर उन्हें धर्मग्रंथ पढ़ने की मनाही कर दी। बामनों ने ऐसा आदेश जारी किया कि आर्यों, भटों के अलावा वेद और अन्य धार्मिक ग्रंथ किसी और को दिखाई भी नहीं देने चाहिए। लेकिन जब उन्हीं के जैसे – परधर्मी जाति-बंधु-अंग्रेज, फ्रांसीसी, जर्मन इत्यादि म्लेछ – शोधकर्ताओं ने थोड़े से धन का लालच दिखाया, तब सारे धार्मिक नियम-कानून ताक पर रखकर बामनों ने अपने धर्मग्रंथ उन्हें सौंप दिए। ऐसा करते उन्हें तनिक भी शर्म नहीं आई। भट-भिक्षुओं के ये पुराण इतिहास तो कतई नहीं हैं। उन्हें 'अरेबियन नाइट्स' के जैसे 'बामनियन नाइट्स' कहना ज्यादा शोभा देगा।

2. झूठा इतिहास लिखने वाले भट : लोकसाहित्य, उपन्यास, काव्य, नाटक, स्वांग, ललित साहित्य, लावणी (मराठी लोकगीत जो अक्सर नृत्य के संग पेश किया जाता है), पोवाड़ा (मराठी लोकगीत, जिससे किसी का यशगान गाया जाता है), मनोरंजक कहानियां इत्यादि साहित्य की अनेक विधाएं हैं। इनमें जो चरित्र होते हैं, वे शिक्षाप्रद तथा उपयुक्त होते हैं और उनके बारे में पढ़कर और उसके ऊपर मनन कर हमारी बुद्धि को प्रेरणा और परम संतोष मिलता है। महान लोगों के जीवन चरित्र पाठकों को जीवन में अच्छा मार्ग चुनने में मददगार होते हैं। ऐसे अनेक सुसंस्कृत, ताकतवर व कुछ दुष्ट लोगों के चरित्रों के उत्कृष्ट संग्रह को ही इतिहास कहा जा सकता है। उसमें पुराणों के देवी-देवताओं के अद्भुत चमत्कारों तथा असामान्य चरित्रों की अजीबो-गरीब कथाएं नहीं होतीं। बल्कि हर कहानी सच्चाई पर आधारित होती है।

ईरानी आर्य बामनों की विरासत में मिली हुई आदत थी कि थोक के भाव से झूठे रिकार्ड सहेजकर रखना; इसी के तहत उनके विद्वान, शास्त्री, पंडित, ऋषि आदि कहलवाने वाले लोगों ने इतिहास की जगह पुराण रचे। उन्होंने नई-पुरानी बातों का पूरा घालमेल करके ढेरों पुराण लिख डाले, जिनमें उन्होंने पराजित लोगों को नीच तथा ईरानी, हूण वगैरह आर्य भटों को उच्च बताया। इतना ही नहीं, उन्होंने पराजित इंडियन लोगों की दासता को खुद ईश्वर-सम्मत

कहा। लेकिन यूरोप के इतिहासकारों ने यह साबित कर दिया है कि भटों द्वारा लिखे गए ये ग्रंथ झूठ और अज्ञान से भरे पड़े हैं। असली इतिहास मानवों को अपने पूर्वजों और उनके कार्यों के बारे में जानकारी देकर उन्हें खुद अपनी स्थिति का एहसास कराता है। भटों के ये पुराण यह बताकर कि हमारी दासता ईश्वर-सम्मत है, हमारे मनों में हीनभावना पैदा करते हैं। वे हमारा इतिहास नहीं हो सकते। फिर भी आदत से मजबूर भट-बामन आज भी झूठा इतिहास रचते रहते हैं।

3. बलिस्थान का विकास : दुनिया के किसी भी देश का विकास उसकी प्राकृतिक संपदा तथा वहां रहने वाली मानवजाति की बुद्धिमत्ता पर निर्भर करता है। इस हिसाब से देखा जाए तो हमारा बलिस्थान विकास के शिखर पर जा पहुंचा था। यह देश बलवान बलुतों (विभिन्न पेशों) का था और असभ्य ईरानी उसे सप्त हिंदू कहते थे। सप्त यानि सात और हिंदू यानि इंडि। मतलब सात बलशाली इंडि राजाओं का देश। इंडि शब्द का अपभ्रंश ही हिंदू था। आगे चलकर ग्रीक लोग इसे इंडिस व इंडिका कहने लगे। अंग्रेजों ने इसे इंडियन लोगों का देश मानकर इसे इंडिया यह नाम दिया। अंग्रेज लोग ब्राह्मण, क्षत्रिय एवं वैश्य लोगों को 'नेटिव' यानि शूद्र समझते हैं। शूद्र का अर्थ है गुलाम और अतिशूद्र का अर्थ है महागुलाम। ब्राह्मण शूद्रादि अतिशूद्रों को नीच पशु जैसा मानते थे। लेकिन इन ब्राह्मणों के हमारे देश में आने से पहले यहां आज की कुनबी, माली, मराठा, महार, मांग, कैकाड़ी (अनुसूचित जाति) वगैरह जातियां – जिनकी एक ही पूर्वज से उत्पत्ति हुई थी – एक सभ्य विकसित समाज बनाकर जी रही थीं। दुनियाभर के सभी देश जब जंगली अवस्था में थे हमारा बलिस्थान काफ़ी उन्नति करके विकास के आसमान को छू रहा था। उसका विकास देखकर ही दुनिया के कई देश विकास के पथ पर चल पड़े ऐसी यूरोप के इतिहासकारों की राय है। उसके हज़ारों साल बाद ग्रीस में विकास हुआ। उस देश के महान कवि होमर ने – 'इलियड' व 'ओडिसी' – नामक महाकाव्य ग्रंथ लिखे। उस देश का इतिहास हिरोडोटस ने लिखा जो दुनिया का पहला इतिहासकार था। उसके बाद थ्युसिडिडीज दूसरा था और उसी की तरह मशहूर सुकरात का शिष्य क्सेनोफ़ोन भी था।

ग्रीस देश में जब वहां के लोगों का स्वराज अवनति पर था, तब डिमॉस्थनीज़ नाम का एक विद्वान था, जिसने प्राचीन ग्रीस की राजनीति तथा

संस्कृति के बारे में काफ़ी विस्तार से लिखा। जब मैसेडोन देश का राजा फिलिप प्राचीन ग्रीस के सभी लोकराज्यों को एक-एक करके जीत रहा था, तब डिमॉस्थनीज़ ने उसका कड़ा विरोध किया। लेकिन अंत में फ़िलिप की ही जीत हुई। फ़िलिप के बेटे सिकंदर (अलेक्जेंडर) ने इजिप्ट, ईरान वगैरह देश जीतकर हिंदुस्तान पर आक्रमण किया। ग्रीस की समृद्धि के युग में सुक्रात, प्लेटो, अरस्तु वगैरह जैसे महान चिंतक उनके समाज की शोभा बढ़ाते थे। सिकंदर के बाद उसके वंशजों ने एक वैज्ञानिक शिक्षा संस्थान की स्थापना की थी। इसमें पढ़कर यूरोप के बहुत सारे लोगों ने अच्छी तालीम हासिल की और समाज को विकसित एवं सुसभ्य करने में अपना योगदान दिया। इसी शिक्षा संस्थान में ज्यामिति या रेखागणित का ईज़ाद करने वाला यूक्लिड, खगोल विज्ञान पर शोध करने वाला हिपारिकस, भाप से चलने वाला इंजन बनाने वाला हेरो, ऐसे कई लोग पढ़कर वैज्ञानिक बन गए थे। कालांतर से ग्रीस में गुलामों तथा रोमनों में लगातार संघर्ष होने लगा था और ग्रीस में तनाव बना रहने लगा। आखिर ग्रीस ने जो भी विकास किया था वह रोमन विकास में विलीन हो गया और देशभर में रोमनों का स्वामित्व कायम हो गया। पहले ग्रीक लोग रोमनों को नीच समझकर उनकी अवहेलना करते थे। ठीक उसी तरह जैसे ईरानी-बामन दूसरों की अवहेलना करते हैं। लेकिन इन्हीं रोमन लोगों ने ग्रीस के जंगली, हट्टे-कट्टे गुलामों की मदद लेकर ग्रीस को ध्वस्त कर दिया। बाद में ग्रीस के उदाहरण का अनुसरण करके रोमन लोगों ने भी अपने साम्राज्य के गणतांत्रिक संबंधों से पूरे यूरोप, एशिया व अफ्रीका के भूखंडों के तमाम देशों में विद्या, ज्ञान व धन का प्रसार किया और प्रजा को सुखी किया। इसी विकास के दौर में लिवी, प्लुटार्क, टैसिटस वगैरह कई महान इतिहासकार थे तथा कैटो, मारियस, सीझर, सिसरो जैसे कई राजनेता और अच्छे वक्ता थे, जिन्होंने अपने देश में काफ़ी गौरव प्राप्त किया। रोम और कार्थेज के बीच लड़ाइयों का सिलसिला जारी रहता था।

लोगों को अपने साम्राज्य की हिफाज़त करनी पड़ती थी और कई बार उनकी हार भी होती थी। कार्थेज के एक पराक्रमी सेनापति एवं राजनेता थे– हानीबाल, जिनके शौर्य के किस्से मशहूर थे। उन्होंने कई लड़ाइयों में रोमन सेना को पराजित किया था, लेकिन आखिरकार हानीबाल को हार माननी पड़ी और रोमनों के सामने समर्पण करना पड़ा। यह रोमन साम्राज्य की निर्णायक जीत थी। इग्लैंड, स्पेन से लेकर एशिया मायनर तक, अफ्रीका का भूखंड और उत्तरी

किनारे के आस-पास के देश इतना फैला हुआ साम्राज्य था रोमनों का। जब रोम ने इंग्लैंड पर कब्जा कर लिया था, तब अंग्रेजी सभ्यता विकसित नहीं हुई थी। वहां के गोरे लोग जंगलों में रहते थे, शरीर पर काला रंग पोतकर उस पर रंगबिरंगे टीके, पट्टियां इत्यादि बनाकर, कंद-मूल खाते थे। रोमन लोगों ने उन्हें सुधारा। चार सौ सालों के लिए रोमन लोग हाथों में छड़ी लेकर अपने साम्राज्य में शामिल हुए लोगों को वस्त्र, आभूषण तथा बर्तन इत्यादि का उपयोग सिखाते रहे। उन्हें सभ्य बनाकर लोकसत्तात्मक राज करने की तालीम देते रहे। इन रोमन लोगों के महापराक्रमी जुलियस सीजर ने अपने शासनकाल के दौरान अनेक राजाओं को धूल चटाकर अपने गणतंत्र को मजबूत करना चाहा। प्रजा को दास बनाकर अपने सर पर राजमुकुट सजाने की योजना बनाकर वह राजमहल की ओर चल पड़ा। वह तानाशाह बनता जा रहा था। ब्रूटस, जो लोकतंत्र पर विश्वास रखता था, पहले सीजर का करीबी होते हुए भी बाद में उसके विरोधियों में शामिल हो गया और आखिर में सीजर की हत्या में उसने अगुआ भूमिका निभाई।1

4. ग्रीक, रोमन एवं गुलाम : जुलियस सीजर के बाद ऑक्टेवियन सीजर को लोगों ने ऑगस्टस यह उपाधि देकर रोमन साम्राज्य का पहला बादशाह बनाया। गणतांत्रिक ढांचा ढहकर बारा सीझरों के शासन के तहत लगभग दो सौ सालों तक रोमन साम्राज्य बना रहा। उसके बाद रोमन लोगों के वैभव का धीरे-धीरे पतन हुआ। जर्मनी तथा अन्य बर्बर जनजातियों के लगातार हमलों से महान रोमन साम्राज्य का ढहना शुरू हो गया। (गुलामों के श्रम पर निर्भरता, राजनीतिज्ञों का भ्रष्टाचार, साम्राज्य का अतिविस्तार इत्यादि कारण भी थे।) जिस तरह से बर्बर ईरानी बामनों ने हमारे बलशाली बलिस्थान पर हमला बोलकर हमारी प्राचीन सभ्यता नष्ट कर दी, ठीक उसी तरह से हमलावर बर्बर जनजातियों ने रोमन सभ्यता को नष्ट किया। लेकिन जिस तरह से हमारी सभ्यता को भट आक्रांताओं ने अपना नाम देकर उसे खींच-खांचकर वर्तमान समय तक लाया उस तरह से रोमन सभ्यता टिक नहीं पाई। वैसे देखा जाय तो ग्रीको-रोमन तथा उनको पराजित करने वाले जंगली सैक्सन, टलटन, फ्रैंकन, जर्मन, ईरानी व बामन ये सब अनेक वर्षों पूर्व एक ही कुल में जन्मे थे। वे जन्म से ही खानाबदोश और लूटमार करने वाली जनजातियां थीं। घूसखोरी करने में वे प्रवीण थे और किसी देश में घुसने के बाद उसे अपने बाप की संपत्ति

मानकर, वहां के लोगों को गुलाम बनाकर बड़ी घमंड के साथ वहां रहने लगते थे। इन जनजातियों में से ईरान में रहने वाले जंगली लोग ब्राह्मण थे। इन्हीं के जंगली भाई-बिरादरों ने यूरोपीय रोमन साम्राज्य को पूरी तरह से ध्वस्त किया और पूरे यूरोप में तबाही मचाई। सारी सभ्यता का विनाश होकर पूरा यूरोप अज्ञान और दरिद्रता में डूब गया। ग्रीक तथा रोमन लोगों की शिखर पर पहुंची हुई सभ्यता व संस्कृति, उनका वैभव सब भरभराकर गिर गया। वहां के लोग सभ्यता के शिखर से बर्बरता की खाई में धकेल दिए गए। इससे हमें यही पता चलता है कि किसी भी देश का वैभव या उसका विकास अनंत काल तक टिका नहीं रह सकता। कभी न कभी उस देश का पतन होता ही है, लेकिन यह भी चिरकाल तक नहीं रहता। वह देश फिर से उन्नति करके सभ्य तथा समृद्ध हो सकता है। वर्तमान का इतिहास हमें यही बताता है।

5. जब बलिराज आएगा : हमें यह जान लेना चाहिए कि कुनबी, माली, मराठा, महार, मांग, कैकाड़ी (अनुसूचित जाति) आदि जातियों के पूर्वज प्राचीन काल में एक ही कुल के थे और वे महापराक्रमी तथा सुविज्ञ राजनेता थे। बलिस्थान में उनके सुशासन से सुख-समृद्धि लाकर वे लोगों को सुधारों से प्रोत्साहित करके प्रजा को सुखी रखते थे। उस समय पूरे बलिस्थान में सुख-समृद्धि थी। लेकिन आज उन्हीं के उत्तराधिकारियों को नफ़रत और दुखों का सामना करना पड़ रहा है। बहरहाल इस स्थिति के बारे में छाती पीटकर या निष्क्रिय बैठे रहने से हमारे दुख दूर नहीं होंगे। हमें कमर कसकर जी-तोड़ मेहनत करके इन्हें दूर करना होगा। महार, मांग अछूत नहीं हैं; बल्कि भट-भिक्षु अछूत हैं। ब्राह्मण हिंदू होने का दावा तो करते हैं, मगर उनका धर्म सिर्फ तीन वर्णों का है। बाकी सब शूद्र तो उनकी रैयत हैं। यही लोग असल में हिंदू हैं और इंडिया के रहने वाले हैं। लगभग पौने तीन हजार वर्ष पूर्व एक महाप्रतापी शूद्र राजा राज करता था, जिसका नाम था चंद्रगुप्त मौर्य। उसके शासनकाल में मेगास्थनीज नामक एक ग्रीक राजदूत था, जो मानव-जाति विशेषज्ञ भी था। उसने हिंदुस्तान के उस दौर के बारे में जानकारी दर्ज की थी और उस किताब का नाम था– 'इंडिका'। इसमें उसने अनेक लेखों द्वारा उस दौर के इंडियन लोगों के बारे में जानकारी दर्ज की थी, जिससे काफ़ी कुछ पता चलता है। एक जगह वह उसमें लिखता है कि, "इंडियन और उनका देश इंडिका किसी के द्वारा जीता हुआ देश है, यह बात सच नहीं है। ये लोग युद्ध में पराजित किए

हुए लोग कतई नहीं हैं।" मेगास्थनीज का यह कहना बिलकुल सच था। हमारे देश पर ईरानी ब्राह्मणवादी आक्रांताओं के पहले आक्रमण के बाद जितने आक्रमण हुए– जैसे ग्रीक, तुर्की, हूण, तातार, मुगल, पठान, मुसलमान वगैरह लोगों के आक्रमण, यहां तक कि अंग्रेजों के आक्रमण तक— सब विदेशी, बर्बर लोगों द्वारा हासिल की हुई जीतें महत्वपूर्ण नहीं थीं। प्रारंभिक दौर में भट-ब्राह्मणों द्वारा किया गया आक्रमण महत्वपूर्ण था और उसी की वजह से यहां के लोगों को आजतक उनके गुलाम बनकर रहना पड़ रहा है। इस गुलामी को नष्ट करने का एक मौका उन्हें अंग्रेजों के आक्रमण से प्राप्त हुआ है। इसलिए यह आक्रमण भी महत्वपूर्ण है और गुलामी झेल रहे लोगों के लिए शुभ संकेत है। बर्बर आर्य ब्राह्मणवादी दुश्मनों ने जब आक्रमण किया और इंडियन लोगों पर अपनी सत्ता कायम की, तब उन्होंने दो अलग कानून व्यवस्था बनाई। उन्होंने स्वहित के लिए ब्राह्मणों की एक कानून व्यवस्था बनाई और यहां के पराजित लोगों के लिए बिलकुल भिन्न कायदे-कानून बनाकर उनके ऊपर लाद दिये। उन्होंने यहां के लोगों पर बहुत जुल्म किया और उन्हें शूद्र यानि नीच व अतिशूद्र यानि परम नीच घोषित कर बलिस्थान में अपनी जड़ें जमा लीं। लेकिन कुछ समय बीतने के बाद वे जिस ईरान से आए थे, उसी देश से आने वाले बर्बर लोगों ने आर्य-ब्राह्मणों का भी जीना हराम कर दिया।

शक, कुषाण, ईरानी वगैरह लोगों ने हिंदुस्तान के विभिन्न राज्यों पर चौतरफा हमले करना शुरू किया, जिससे त्राहि-त्राहि मच गई। लेकिन धूर्त आर्य भटों ने उन्हें भी धर्मांतरित आर्य बनाकर अपने साथ शामिल कर लिया। बाद में मुगलों के आक्रमणों के बाद ये भट कहीं प्रशासक, कहीं पेशवा तो कहीं शिक्षक बनकर, जी-हुजूरी करते हुए उनकी नौकरी करके अपना पेट पालने लगे। लेकिन इनके पूर्वजों ने इंडियन वंश के काबिल और पराक्रमी लोगों पर शूद्र-अतिशूद्र का ठप्पा लगाकर जो गुलामी थोपी, वह छूटने का नाम नहीं ले रही है। फिर कितने राजा इस बीच आए-गए । कितने राजाओं को दफ़नाया या जलाया गया। लेकिन बामनों ने अपनी जकड़न ढीली नहीं पड़ने दी। यहां के लोगों की गुलामी आजतक बरकरार है। कथा-कीर्तनों में यह प्रसारित किया जाता है कि आर्य भटों ने ईरान से आकर यहां के दैत्यों, राक्षसों को मारकर बड़े पराक्रम किए। पुराणों में भी यही लिखा हुआ मिलता है। लेकिन यह बामनों का इतिहास झूठ पर आधारित है और असत्य ज्ञान अज्ञान से भी ज्यादा खतरनाक होता है। अनजाने में बाघ की गुफ़ा में घुसकर अपनी जान खतरे में डालने

जैसा है। कोई चाहकर भी यह साबित नहीं कर पाएगा कि भटों द्वारा लिखे गए पुराणों में थोड़ी भी सच्चाई है और वही उनका इतिहास है। शूद्रातिशूद्रों का यानि यहां के मूल इंडियन लोगों का सही इतिहास किसी ने लिखा भी होगा तब भी, आजतक उपलब्ध नहीं है। जैसे ईरानी भटों के रगों में असली ईरानी खून नहीं मिलता, वैसे इंडियन लोगों का मूल इतिहास पढ़ने को नहीं मिलता। लेकिन यहां के लोगों ने गत दो हज़ार सालों तक ब्राह्मण तथा अन्य राजा-महाराजाओं की सौदेबाजी और तानाशाही झेली है। बिना किसी शिकायत के उन्होंने यह उत्पीड़न झेलते हुए गुज़ारा किया है। यूं कहा जा सकता है कि इसमें भी उनका एक फ़ायदा हुआ। किसी अमरूद के बगीचे में अगर पेड़ों को गर्मी झेलने के बाद खाद-पानी दिया जाए तो वह बाग जिस तरह से खिल उठता है, ठीक उसी तरह से शूद्रातिशूद्रों ने जो ताप झेला है, उसके बाद जब उन्हें अंग्रजों के शासन में विद्यारूपी खाद-पानी मिलेगा, तब वे भी उसके बलबूते खिल उठेंगे। उसके बाद धूर्त-पाखंडी आर्य भट सपने में भी मांग, कुनबी, मराठा, माली इत्यादि जातियों को शूद्र कहने की हिम्मत नहीं कर पाएंगे। तब विद्या ग्रहण करने के बाद शूद्रातिशूद्र अपने इंडियन पूर्वजों की तरह हिंदुस्तान में लोकतांत्रिक बलिराज स्थापित करके राज्यसत्ता की बागडोर संभाल कर शासन करेंगे। ऐसी भविष्यवाणी मैं यकीन के साथ करता हूं।

सभ्यता

प्राचीन समय के हमारे महान पुरुष : शूद्रातिशूद्रो! हम सब एक ही वंश के हैं। हमारे बलिस्थान में जब गांव बसाए गए तब कालांतर से वहां ग्राम पंचायतें भी स्थापित हुईं और उनकी जरूरत के हिसाब से नित नए पेशों की उत्पत्ति हुई। जैसे महार, लोहार, बढ़ई, सुनार, पोतदार (खजांची), चमार, लोनार (सीमेंट व चूने का काम करने वाले) और अन्य कई काम से जुड़ी जातियां। आगे चलकर उन्हें इन्हीं नामों से जाना जाने लगा। फिर भी मूल रूप से उनमें कोई भेद नहीं है। उनकी रगों में वही इंडियन खून दौड़ता है और वे उसी एक इंडियन वंश के असली उत्तराधिकारी हैं। प्राचीन काले इंडियन लोगों के ये वंशज हैं। वे ब्राह्मणों की तरह द्विज व त्रिज नहीं हैं। वे मूल रूप से एक ही जाति तथा गोत्र के हैं और प्राचीन समय से उनमें गांव की व्यवस्था चलाने के हिसाब से पांच भेद किए गए थे, जैसे– 'वर्षणी' यानि गांव में काम करने वाले मजदूर, 'क्षित' यानि घर बनाकर रहने वाले, 'विश' यानि अपने गांव का माल दूसरे गांवों में जाकर बेचने वाले, 'कृष्टी' यानि महार जो खेती करते थे और 'गिरी' यानि गांव के पास के वनों में या पहाड़ी इलाकों में बसकर वहीं खेती करके गुज़ारा करने वाले। ये पांच भेद थे और उन्हें दिए गए सभी नामों का अर्थ क्षत्रिय, मानव, रैयत इसी तरह का था। बलिस्थान के ये क्षत्रिय लोग अपने माता-पिता के उदाहरण का अनुसरण करके समयानुसार कुछ बदलाव करते हुए कदम-दर-कदम आगे बढ़ रहे थे और सभ्यता के फलों का आनंद ले रहे थे।

सभ्यता इस शब्द के लिए अंग्रेजी में 'सिविलाइज़ेशन' शब्द इस्तेमाल होता है। इसका व्यापक मतलब है– मानव द्वारा अपने सर्वांगीण विकास के लिए की गई जद्दोजहद। यानि सृष्टि की उत्पत्ति के समय से लेकर आजतक मानव ने अपने सुख के लिए और जीने के लिए मेहनत और परिश्रम से जो सर्वांगीण

प्रगति हासिल की, उसी को सभ्यता कहते हैं।

आहार, निद्रा, भय, लैंगिक सुख के रूप में चार सहज जैविक प्रवृत्तियां सभी जीव-जंतुओं में पाई जाती हैं। इन्हें संतुष्ट करने के लिए और अधिक से अधिक समय तक जीवित रहने के लिए सभी जीव-जंतु जीवन-संग्राम में लगे रहते हैं। इसमें मनुष्य प्राणी ने अभूतपूर्व कामयाबी हासिल की और अन्य सभी प्राणियों पर तथा सृष्टिक्रम पर भी एक हद तक अपना वर्चस्व स्थापित किया। अन्य प्राणी अपनी बौद्धिक तथा शारीरिक विषमता या सीमाओं के कारण मानवों जैसा वर्चस्व स्थापित नहीं कर सकते। मानव ने जो कामयाबी हासिल की, वह ईश्वर की देन न होकर उसके अपने लंबे समय से संचित किए गए अनुभवों, दूरदर्शिता से किए गए प्रयासों तथा उसकी तेज़ बुद्धि से किए गए बदलावों का नतीजा है। पशु-पक्षियों को अपने आहार में परिवर्तन करने की इच्छा नहीं होती। लेकिन मनुष्य प्राणी, जो पहले फल-फूल तथा कच्चे मांस पर गुज़ारा करता था, आज तरह-तरह के व्यंजन बनाकर उन्हें थाली में सुंदर तरीके से सजाकर खाता है। पशु-पक्षी जैसे पूर्व के समय में सोते थे, ठीक उसी तरीके से उनके आज के वंशज भी सोते हैं। जबकि मनुष्य पहले के मनुष्यों की तरह पेड़ों के खोखले तनों में या किसी गुफ़ा में न सोकर आज सुंदर घरों में रहता है। प्राचीन समय में पशु-पक्षी जो भय महसूस करते थे, उसी भय का सामना उन्हें अब भी करना पड़ता है। लेकिन मनुष्य बंदूकें, तोप इत्यादि हथियार बनाकर अपनी जान के डर से मुक्त होने की कोशिश करता है। लैंगिक सुख के लिए भी मनुष्य पशु-पक्षियों की तरह प्राचीन, असभ्य तौर-तरीके नहीं अपनाता; बल्कि उनमें सुधार करके उसने इस सुख को भी सुसंस्कृत बनाने का प्रयास किया है। सारांश यह कि पशु-पक्षियों की, जो सहज जैविक प्रवृत्तियां थीं – जैसे आहार, निद्रा, भय तथा लैंगिक सुख – वे आज भी उसी रूप में बनी हुई हैं। जबकि मानव का पहले जो अपरिष्कृत, असभ्य स्वभाव था, उसमें अब काफी परिवर्तन आ गया है और मानव ने अब काफी उन्नति कर ली है। आज के शूद्रातिशूद्रों के सोच-विचार तथा रीति-रिवाजों को गहराई से देखा जाय तो उसमें प्राचीन समय के इंडियन लोगों के सीमित सुधारों या पिछड़ेपन की झलक मिलती है।

अशिक्षित आर्यन टोलियां : हमारे बलिस्थान में आर्य भटों की घुसपैठ के पहले यहां के क्षत्रिय लोग सुख-संतोष से रहते थे। हर इंसान नीतिधर्म का

पालन करता था और सब एक-दूसरे से बंधु भाव से व्यवहार करते थे। गुणवान, शीलवान व ज्ञानी स्त्री-पुरुषों को प्रोत्साहन दिया जाता था तथा निर्बल लोगों को अक्खड़ व धोखेबाज भटों की तरह सताने-उत्पीड़न करने के बजाए उनकी मदद की जाती थी। बलशाली व ज्ञानी लोग अपने गुणों का परोपकार के लिए इस्तेमाल करते थे। यहां के सभी लोगों को समता, स्वतंत्रता, बंधुत्व जैसे महान मानवीय मूल्य घुट्टी में पिलाए जाते थे। इसके कारण उनकी पीढ़ी-दर-पीढ़ी उत्तरोत्तर समझदार और बलवान होती गई और प्रगति के मार्ग पर आगे बढ़ी। इसके कारण बलिस्थान में भी निरंतर उन्नति होती रही। इन क्षत्रियों में हिम्मत, साहस, शौर्य, ईमानदारी, प्राणी मात्र के लिए दया इत्यादि गुण थे। सभी देशों के गांव-गांव में बलिराजा के उसूलों पर चलने वाले स्वावलंबी, स्वायत्त व लोकतांत्रिक राज्य स्थापित किए गए थे, जहां चोरी, डकैती, घात-पात, धोखेबाजी इत्यादि अपराध करने वालों को मृत्युदंड की सजा होती थी। इन लोगों में ग्रीक या रोमन लोगों की तरह दूसरे मानवों को पकड़कर या उन्हें भरे बाजार में खरीदकर उन्हें गुलाम बनाकर उनसे पशुओं की तरह काम करवाने की कुरीति नहीं थी। न ही वे दूसरे देशों पर आक्रमण करके उनके लोगों को धोखाधड़ी से, भट-बामनों की तरह पराजित लोगों को शूद्रातिशूद्र घोषित करके उनके साथ पशुओं जैसा बर्ताव करने का कुत्सित काम करते थे। इससे यह पता चलता है कि यहां के प्राचीन इंडियन लोग सभ्य व सज्जन थे और सुसंस्कृत भी थे। भट-बामनों द्वारा पकाई गई पुराणों तथा ग्रंथों की खिचड़ी में भी इसका उल्लेख किया गया है।

प्राचीन समय में इंडियन लोग छोटे-मोटे गांव बसाकर रहते थे, लेकिन उनके लंका, त्रिपुरा जैसे कुछ सुवर्ण नगर भी थे। उन्हें सब चीजों का ज्ञान था और वे कला कौशल की मांग करने वाले काम भी करते थे। वे इंडियन लोग ही थे, जिन्होंने ग्रहों का अध्ययन किया, ग्रहण का वर्णन किया, पंचांग बनाया। ये काम बर्बर आर्यों के बस के नहीं थे। वे मूल्यवान वस्त्र तथा बहुमूल्य अलंकार पहनते थे। इन्हीं लोगों के हम सब शूद्रातिशूद्र वंशज हैं। प्राचीन काल में हमारे पूर्वजों की नाग, सर्प, गिद्ध वगैरह पशु-पक्षियों के नामों की टोलियां हुआ करती थी। इन्हीं नामों से संभवतः आगे उनके वंशजों को कुल देवता या गणचिह्न प्राप्त हुए होंगे। आज उनके उत्तराधिकारियों की जो भिन्न-भिन्न जातियां हैं और जाति के अंतर्गत जो कुल हैं और कुलों के जो कुल देवता या गणचिह्न हैं, उनसे उनके पूर्वजों की सभ्यता का थोड़ा बहुत अंदाजा लगाया

जा सकता है।

शूद्रातिशूद्रो बंधुओ! इस सबसे पता चलता है कि हमारे पूर्वज कितने गुणवान और ज्ञानी थे और कितने श्रेष्ठ मानव थे। आज भी हम "विपत्ति और बुराई सब दूर रहे, बलि का राज्य आए" ('इड़ा पिड़ा टलो आणि बलीचे राज्य येवो') ऐसी कामना हर समय व्यक्त करके अपने उन पूर्वजों को याद करते हैं और उन्हें पूजते हैं। हमारे इतिहास की बामनों ने पुराणों में जो खिचड़ी पकाई है, उसे जांच-परखकर हमें तय करना होगा कि वह अच्छी हैं या बुरी। पुराणों की खिचड़ी में चावल किस देश का, दाल किस प्रदेश की, वह अरहर की है या मसूर की, बादाम, पिस्ते, मुनक्का अफगानी या ईरानी, इलायची, गोलमिर्च, जायफल, लौंग जावा-सुमात्रा से लाए गए या यहीं के हैं, मिर्च ताज़ी हरी वाली है या सुखाई हुई लाल मिर्च, नमक और अन्य चीज़ें इसी देश की हैं या ईरान की, यह हमें परखना होगा। ईरानी बामनों ने पुराणों की खिचड़ी तो अच्छी पकाई मगर उसे खाने से दो अलग-अलग तरह के प्रभाव दिखाई देते हैं। जब भट इस खिचड़ी को खाते हैं तब वे भूदेव बन जाते हैं, लेकिन अन्य लोग उसे चखते भी हैं, तो उसका सारा जहर उनके शरीर में फैल जाता है और वे पशुवत बन जाते हैं। वे भट-ब्राह्मणों के चरण धोकर उस गंदे जल को चरणामृत मान कर पीने लगते हैं। उनका दिमाग इस हद तक खराब हो जाता है। पुराणों की खिचड़ी की ऐसी महिमा है और उसका असर बिलकुल खस्ताहाल और मासूम एवं निष्कपट शूद्रातिशूद्रों पर होता है। खासतौर पर बेरोजगार, बैठे-ठाले लोगों और सीधी-सरल महिलाओं इत्यादि को वे अपने जाल में खासकर राम, विट्ठल, विष्णू इत्यादि मंदिरों में सेवा के लिए भर्ती करते हैं और वे लोग भी ब्राह्मणों द्वारा बनाए गए इस मायाजाल में पशुतुल्य जिंदगी जीने लगते हैं। देवी-देवता पुराण जैसे ग्रंथ सब ईरानी भटों द्वारा अपनी आजीविका चलाने के लिए बनाए हुए साधन हैं। उनके द्वारा ईश्वर, ईश्वर भक्ति का मनबहलाव, पूर्वजन्म, मरने के बाद अगले जन्म की कामना तथा स्वर्ग-नर्क का भय, ये सारी बातें पैदा की जाती हैं और शूद्रों को पूरी तरह से ईश्वर पर निर्भर होने की तथा कोई सार्थक उद्योग न करने की आदत पड़ जाती है। इस सबके बावजूद इन पोथी-पुराणों में से हम अगर खंगाल कर सही, तथ्य छांट लेते हैं तो हमें अपने साहसी और प्रतापी पूर्वजों के बारे में कुछ जानकारी मिल सकती है।

बलिस्थान ही हमारी जन्मभूमि है : हमारे पूर्वजों ने सैकड़ों सालों तक आर्य

भट ब्राह्मणों का मुकाबला किया और उन्हें अनेक बार वापस खदेड़ कर अच्छा सबक सिखाया। उन्होंने इस तरह से अपने बलिस्थान की हिफाजत की। पुराणों में बताया गया है कि कश्यप शूद्रातिशूद्रों का मूल पुरुष था और उसे शूद्रातिशूद्रों का कुलस्वामी भी समझा जाता है। उसके पुत्र पराक्रमी व इंद्रजीत थे। वृत्त, विप्रचित, अंधक, हिरण्याक्ष, हिरण्यकशिपु, प्रह्लाद, विरोचन, बलि, राव वगैरह महारथी कश्यप के उत्तराधिकारी थे और उन्होंने ईरानी आर्य भट द्विजों को कई बार पराजित करके उनके इंद्र को ईरानी देश में खदेड़ दिया था। उसके बाद सैकड़ों वर्षों तक पूरी पृथ्वी का इंद्रपद उन्हीं के पास सुरक्षित था। यह इतिहास मत्स्यपुराण के सत्रहवें अध्याय में पाया जाता है। अधकचरे वेदों में भी– अनार्य लोगों के विशालकाय, अभेद्य किलों, सोने से लिपे हुए नगर, त्रिपुर नगर की रचना, अनार्यों के सिंहासन, उनकी स्त्रियों का सौंदर्य, उनका दूसरों के साथ व्यवहार, उनके राज्यों की शासन व्यवस्था, उनके द्वारा किए गए यज्ञ, अन्य राज्यों से संबंध, लोगों के व्यवसाय, राजा महाराजाओं का अपनी प्रजा के साथ व्यवहार, वहां के लोगों की बुद्धि आदि ऐसी बहुत सारी बातों की जानकारी मिलती है। वह ठीक से समझ लेने के बाद हमें इस बात का अभिमान होना चाहिए कि हम शूद्रातिशूद्र अनार्य कुल के उत्तराधिकारी हैं। हमारे बलिस्थान का इतिहास-ईरानी भट, द्विज, आर्य, यवन, म्लेच्छ, तुर्की, मुगल, हूण, ऐसे लोगों के पराक्रम का इतिहास न होकर, हमारे इंडियन खून के हर बूंद में हमारे पूर्वजों के वैभव का इतिहास है। इसलिए इसी इतिहास को याद करके और उससे प्रेरित होकर हमें आपस में अभेद्य एकता करके परिवर्तन और विकास के पथ पर कदम बढ़ाने चाहिए।

बलिस्थान में रहने वाले इंडियन मानवों का जन्म कहां व कैसे हुआ, कब हुआ, उसकी कोई जानकारी या सबूत भले ही आजतक न मिला हो, फिर भी यह अनुमान तो लगाया जा सकता है कि इंडियन लोग हिंदुस्तान में ही जन्मे और वे यहां के मूल रहने वाले हैं। इतना तो पक्का है कि आज हम शूद्र व अतिशूद्र जिस स्थिति में कीड़े-मकोड़ों की तरह गुजारा कर रहे हैं, हमारे पूर्वज वैसे तो कतई नहीं थे। वे महाप्रतापी थे और प्राचीन सभ्यता का आनंद लेकर जीते थे। जितना बड़ा उनका देश था, उतनी ही उनकी कीर्ति दूर-दूर तक फैली हुई थी। कोई अन्य देश इसकी बराबरी नहीं कर सकता था। प्राचीन सभ्यता का उदय यहीं हुआ था और फिर दुनिया भर में उसका प्रकाश फैलकर आखिर रोमन साम्राज्य में सभ्यता का सूरज अस्त हुआ था।

ग्रीक व रोमन लोगों की सभ्यताएं : इस पृथ्वी पर सृष्टिक्रम का जो दस्तूर है, उसके अनुरूप मानव समाज तथा विभिन्न देशों की जो सभ्यताएं रही हैं उन्होंने मानव जाति के सुख तथा ज्ञान को बढ़ाने का काम किया है। उन्हें और समृद्ध किया है। प्राचीन समय में हमसे बहुत दूर स्थित अमरीका नामक भूखंड के कुछ देशों में सभ्यताएं विकसित हुईं, लेकिन कालांतर में वे नष्ट हुईं और उन देशों की अवनति होकर वहां के लोग फिर से जंगली अवस्था में रहने पर मजबूर हो गए। फिर भी इसे मनुष्य की आदिम अवस्था नहीं कहा जा सकता। प्राचीन काल में इजिप्ट (मिस्त्र), मेसोपोटेमिया, ग्रीस, रोम वगैरह देशों में प्राचीन सभ्यताओं का विकास हुआ था और वहां के लोग ज्योतिषशास्त्र, चिकित्साशास्त्र, गणितशास्त्र वगैरह शास्त्रों में काफी जानकार थे, ऐसा यूरोपी इतिहासकार बताते हैं। लेकिन वर्तमान समय में इजिप्ट, ग्रीस, इटली वगैरह एक समय में प्राचीन सभ्यताओं के केंद्र रह चुके देशों की गिनती पिछड़े देशों में होती है। इससे हमें यह पता चलता है कि मानव सभ्यता किसी एक समाज या देश में बाकी देशों से अछूती और महफ़ूज नहीं रह सकती। कुछ बर्बर, उजड्ड, लोभी, क्रूर व महत्वाकांक्षी लोग या मानव रूपी भेड़िए विकसित सभ्यताओं वाले देशों के ज्ञानी लोगों की स्वतंत्रता छीन लेते हैं। आक्रमण करके पराजित लोगों में से कुछ को खदेड़ देते हैं और कुछ को गुलाम बना लेते हैं। उस देश की सभ्यता के फलों का मज़ा लूटते हुए वे मालिक बन बैठते और वहां घुसकर रहने लगते। इसी तरह के बर्बर, क्रूर लोगों ने हमारे बलिस्थान पर भी कई बार हमले किए और यहां के मूल, सुशील और ज्ञानी क्षत्रियों को गुलाम बनाकर उन पर बहुत जुल्म किए। ऐसी भी घटनाएं सुनने में आती हैं कि जब महार मांगों की चमड़ी छीलकर उन्हें जिंदा जलाया गया। इसका जिक्र वेदों और पुराणों में भी मिलता है। कुछ समय बाद ज्ञानी आर्य जिस देश से आए थे, वहां फारसी सभ्यता का जन्म हुआ। जब वह विकास के शिखर पर थी, ठीक उसी समय ग्रीक लोगों में मैरेथॉन नामक जगह पर ईरानी लोगों को बुरी तरह से परास्त करके ध्वस्त कर दिया। उसके बाद उन्होंने अपने देश में सभ्यता का विकास किया। आगे चलकर यवन जाति का ग्रीक बादशाह फिलिप सत्ता में आया। उसका बेटा था सिकंदर जिसने महान युद्ध में फारसी लोगों का विनाश किया और फिर वह हिंदुस्तान की ओर बढ़ा। उसने यहां के भट-ब्राह्मणों को अच्छा सबक सिखाया और अपने देश लौटने के लिए निकल पड़ा। लेकिन रास्ते में ही उसकी मुत्यु हो गई। उसके शासनकाल में ग्रीस की सभ्यता अपने

शिखर पर थी और उसका पूरी दुनिया में बोलबाला था। वहां का ज्ञान, कला तथा शस्त्र जब अपने उच्चतम परिष्कृत रूप में पहुंच ही रहे थे तब रोमन लोगों ने ग्रीस पर आक्रमण करके उसे अपने साम्राज्य में नत्थी कर लिया। लेकिन कुछ ही समय बाद शक्तिशाली रोमनों के बलशाली राज्य को हूण, तातार, मुगल जैसे बर्बर लोगों की टोलियों के लगातार किए गए हमलों ने कमजोर कर दिया। इन बर्बर टोलियों के एक मुखिया ने रोमन बादशाह को अपने देश से भगा दिया। रोमन सल्तनत का दूसरा तख्त इसके बाद कॉनस्टैनटिनोपल में स्थापित हुआ, जहां उसका राज एक हजार वर्षों तक कायम रहा। लेकिन यहां भी मुसलमान लोगों ने हमला करके जीत हासिल की। उनसे बचने के लिए वहां के ग्रीक लोग रोम शहर में जाकर बस गए। वे अपने साथ अपने पुराने ग्रंथ लेकर गए थे। वहां के पंडितों का ध्यान जब इन ग्रंथों पर गया तो उन्होंने ग्रीक लोगों का अब तक छुपा हुआ ज्ञान सबके सामने लाया। यह ज्ञान अब पूरी दुनिया में प्रसारित होने लगा। कुछ विद्वानों ने बहुत मेहनत से ग्रीक व रोमन हुकूमतों के दौरान लिखे गए ग्रंथों को उपलब्ध करने का प्रयास शुरू किया। ग्रीक ज्ञान का यह भंडार फैलते-फैलते इग्लैंड तक पहुंच गया। अंग्रेजों को इस अब तक अगम्य रहे ज्ञान के खजाने को करीब से देखने की उत्कंठा पैदा हुई। इसी ज्ञान का सहारा लेकर अंग्रेजों ने अपनी और अपने देश की अभूतपूर्व उन्नति कर अपनी नई सभ्यता स्थापित की। उन्होंने पूरी दुनिया में अपना साम्राज्य स्थापित किया। इसके चलते ऐसी कहावत प्रचलित हुई, "अंग्रेजी साम्राज्य में कभी सूर्य अस्त नहीं होता"। वर्तमान समय में हमारे देश में भी अंग्रेजों का राज्य कायम है और यह शूद्रातिशूद्रों के लिए अपना पशुवत जीवन त्याग कर अज्ञान दूर करने का सही मौका है। क्योंकि मनु के कायदे-कानूनों के अनुसार शूद्रातिशूद्रों को आजतक पढ़-लिखकर ज्ञान अर्जित करने तथा उद्योग धंधा करके धन इकट्ठा करने के लिए सख्त मनाही थी। यही कारण है कि वे अज्ञानी और निर्धन होते गए और पशुओं की तरह गुज़र-बसर करने के आदी हो गए। दूसरों की गुलामी करने को ही वे अपना सुख मानने लगे और इसी को पुण्य समझने लगे। अब हमें अंग्रेजी शिक्षा पाकर अपना ज्ञान बढ़ाना चाहिए और अपने बलिस्थान की शान बढ़ानी चाहिए।

गुलामगिरी के इतिहास को याद करो : आज यूरोप के जो देश सुसंस्कृत और सभ्य होने के लिए मशहूर हैं, वे सभी रोमन साम्राज्य नष्ट होने के बाद

चौदहवीं सदी तक अज्ञान के अंधकार में डूबे हुए थे। तब वहां के सोचने समझने वाले लोगों ने ग्रीक व रोमन लोगों के प्राचीन काल के जर्जर ग्रंथों को उठाकर उनका अध्ययन शुरू किया। इससे मिली जानकारी से उनके देश में काफी तरक्की होने लगी और खास करके भौतिकशास्त्र में नई-नई चीजें खोज निकालने का शौक उनमें जगा। नतीजतन उन्होंने कई चीज़ों का आविष्कार किया। हर कोई अनुभव तथा प्रयोगों पर आधारित सिद्धांत पेश करने लगा। कोई मानव प्राणी का, कोई पशु-पक्षियों का, तो कोई पेड़-पौधों का, कोई भूमि का, तो कोई समुंदर का, कोई आकाश का, तो कोई ग्रह-तारों का अध्ययन करके नई-नई खोज करने लगा, जिससे वे न सिर्फ अपने देश के बल्कि पूरे मानव जाति के ज्ञान में इजाफ़ा करने लगे। कई लोग अमरीका की खोज करने निकले तो कुछ लोग हिंदुस्तान, चीन वगैरह देशों में जाने लगे। कुछ लोग दक्षिण ध्रुव तथा उत्तर ध्रुव के इर्द-गिर्द घूमने लगे। कुछ विलक्षण लोग दोनों बाहों में पंखे बांधकर पंछी की तरह आसमान में उड़ने का प्रयास करने लगे तो कुछ लोग तोप के मुंह में लगाए गए गोले में बैठकर चांद पर जाने के ख्वाब देखने लगे। इससे इतना तो पता चलता है कि मानव की बुद्धि आकाश की तरह असीम है। हमारे देश में जैसे पुराने ग्रंथों में सनातनी लोगों ने झूठ व पाखंड घुसाकर उन्हें बेकार कर दिया, वैसी स्थिति ग्रीक और रोमन लोगों द्वारो प्राचीन समय में लिखकर रखे हुए जर्जर ग्रंथों की नहीं हुई। उदाहरण के लिए होमर, प्लेटो, अरस्तू, हिरोडोटस, ल्यूसिपस, यूक्लिड, हीरो, टोलेमी वगैरह विद्वानों ने जो ग्रंथ लिख रखे थे, उनसे यूरोपीय लोगों ने बहुत कुछ सीखा। उन्होंने भाप, अग्नि तथा बिजली को अनेक तरह से काम में लाया और अब सौरमंडल का भी अध्ययन कर रहे हैं। कोई पंछी की तरह आसमान में उड़कर भी संतुष्ट नहीं है। वह चांद पर कब जाएगा, इसकी कोई निश्चित जानकारी नहीं है। फिर भी वह कई सौरमंडलों के इस ब्रह्मांड में किसी दिन पृथ्वी जैसे किसी ग्रह पर जा सकता है, इससे भी इंकार नहीं किया जा सकता।

पिछले 4-5 सौ वर्षों से यूरोप के विभिन्न देशों के विद्वान, वैज्ञानिक, पंडित सत्य की खोज करके अपने-अपने देश को और विकसित करने का प्रयास करके उसे भौतिक विज्ञान के शिखर पर पहुंचाने की निरंतर कोशिश में लगे हुए हैं। वर्तमान समय में तो घोड़ों की दौड़ की तरह यूरोप के विभिन्न देशों में तरह-तरह की खोज करने की होड़ लगी हुई है। इस होड़ में अंग्रेज जीतते हुए नजर आ रहे हैं,

और उनकी प्रगति का बोलबाला पूरे विश्व में है। मानव अब बर्बर अवस्था से निकलकर सभ्यता के पथ पर चल पड़ा है। खुद अंग्रेजों के ग्रेट ब्रिटेन में सभी क्षेत्रों में इतनी तरक्की हुई है कि पहले न कभी देखी न कभी सुनी गई। रसायन विज्ञान, पदार्थ विज्ञान, भूविज्ञान, सृष्टिज्ञान, जीव-विज्ञान, ज्योतिष वगैरह क्षेत्रों में बड़ी-बड़ी खोज होने लगी। इसके सहारे लोगों की जिज्ञासा बहुत उन्नत हो गई है तथा उनके आचार-विचार, नीतियों, मानव धर्म के अनुसार व्यवहार इत्यादि में बहुत विकास हुआ है। वे अब सचमुच मानव प्राणी बन रहे हैं। हजारों वर्षों से हमें शूद्र कहकर नीचा दिखाने वाले कर्मकांडी, मूर्ख भटों को इसकी कल्पना करना भी कठिन है। वे अपने लोभ और पाखंड के जाल में खुद फंसे हुए हैं।

वर्तमान समय में हमारे बलिस्थान पर अंग्रेजों का शासन है और वे प्रजा को प्रगति करने का मौका देकर उनके सुख में बढ़ोत्तरी कर रहे हैं। अंग्रेज भी विजातीय बिनबुलाए मेहमान होते हुए भी अब तक शासन करने वाले घुसपैठियों – यानि ईरानी, आर्य, ब्राह्मण, दुराणी, पठान व अफगानी मुगल, हूण वगैरह – से लाख गुना बेहतर हैं, ऐसा कहना पड़ रहा है। इसका कारण यह है कि ईरानी, आर्य, ब्राह्मण, दुराणी, पठान व अफगानी मुगल, हूण वगैरह इन घुसपैठियों ने बाहर से इंडिया में आकर यहां के हमारे पूर्वजों को पराजित किया और खुद को श्रेष्ठ, आर्य, शुद्ध खून के बताकर उन्हें नीच, हीन तथा शूद्र घोषित करके उन पर राज्य किया। यह घुसपैठियों का इतिहास मूल इंडियन लोगों को पशुओं जैसी जिंदगी जीने के लिए मजबूर करने वाला था, उनके द्वारा थोपी गई गुलामी को उखाड़ फेकने के लिए अंग्रेजों का राज उपयुक्त है। इसलिए शूद्रों को तत्काल अपनी निद्रा से जग कर जल्द से जल्द शिक्षा ग्रहण करनी चाहिए। उन्हें हजारों वर्षों के पशुवत जीवन को उतार फेंकना चाहिए और सभ्य, सुसंस्कृत मनुष्यों की तरह जीने का प्रण लेना चाहिए। अगर हम ऐसा नहीं करते तो फिर हममें और पशुओं में कोई फर्क नहीं रह जाएगा।

गुलामगिरी

1. उधमी पशु– एक कुत्ते की कहानी : कुल मिलाकर सभी प्राणियों की जन्मजात सहज-स्वाभाविक वृत्ति होती है। जीने के लिए संघर्ष करने की और सुख की कामना करने की। इसलिए जीने के लिए ज़रूरी अन्न तथा सुख हेतु ज़रूरी चीज़ें पैदा करने के लिए हर समय उनका जीवन-संघर्ष चलता रहता है। दाना-पानी जुटाने के लिए वे तरह-तरह के उद्योग करके अपने पेट की भूख शांत करते हैं। उसी तरह अपनी कामेच्छा पूरी करने के लिए स्त्री-पुरुष संबंध बनाकर लैंगिक सुख भोगते हैं और प्रजनन भी करते हैं। यह क्षमता सभी प्राणियों में जन्म से ही होती है। इस बात का आप सबको यकीन हो जाय, इसलिए मैं आपको एक जंगली कुत्ते की कहानी सुनाने जा रहा हूं, जो बहुत उछल-कूद मचाता था। उम्मीद है यह कहानी आपको प्रभावित करेगी। तो अब ध्यान से सुनिए।

एक दिन एक कुत्ते को खाने को कुछ न मिलने के कारण वह भूख से बेहाल होकर पागलों की तरह यहां-वहां दौड़ रहा था। तभी उसे एक दूसरा कुत्ता खरगोश के मांस का मज़ा लेते हुए नज़र आया। उसे देखते ही भूखा कुत्ता उस पर झपट पड़ा और उसे नीचे गिराकर, गुर्राते हुए उसे काटने लगा। नीचे गिरा हुआ कुत्ता किसी तरह से उसकी जकड़ से खुद को छुड़ाकर, दर्द से कराहता हुआ अपनी जान बचाकर भाग निकला। उसके बाद भूख से बेहाल वह कुत्ता उसकी छोड़ी हुई शिकार पर टूट पड़ा और उसे खाने के बाद डकार लेते हुए चलने लगा। आगे उसे कुत्ता व कुतिया की जोड़ी दिखाई दी। यहां भी उसने पहले वाले कुत्ते को भगाया और खुद मज़े लेने लगा।

इस कहानी से हमें यह पता चलता है कि "जिसकी लाठी, उसकी भैंस" यह न्याय आदिकाल से ही सभी पशु-पक्षियों में प्रचलित था तथा मानव प्राणियों में भी हज़ारों वर्षों तक इसी तरह की प्रवृत्ति थी। कॉर्नेलियस टॅसिटस नामक

एक रोमन इतिहासकार ने अपने ग्रंथ में इसका ज़िक्र किया है। उसके बाद कॉनस्टैनटिनोपल (कुस्तुंतुनिया) के सम्राट जुस्तिनियन के राज में एक विद्वान इतिहासकार थियोडोसियस ने अपने एक ग्रंथ में दर्ज किया था कि प्राचीन समय के मानव कैसे थे। उसने लिखा था कि प्राचीन समय में मानवों तथा पशुओं के व्यवहार में ज्यादा फ़र्क नहीं था और मानव में सभ्यता की कोई निशानी नहीं थी। कई विद्वानों ने इस बात का ज़िक्र किया है कि मानव जाति में परिवार की संस्था बनने के पहले स्त्री-पुरुष पशुओं के जैसे ही खाते-पीते और संबंध बनाते थे। लेकिन कालांतर में मानव प्राणी के आचार-विचार में बदलाव आया और उसने पशुता को त्याग दिया। उसके इसी परिवर्तन को सभ्यता कहा जाता है।

मानव नामक यह प्राणी अपनी बुद्धि के बलबूते धीरे-धीरे सभ्य और समझदार होता गया। सजीव और निर्जीव सृष्टि उसके जीने के लिए और उसके सुख के लिए कैसे काम आ सकती हैं, इसकी वह खोज करने लगा। क्रूर, हिंसक पशुओं का मुकाबला करके, अज्ञात खतरों का सामना करते हुए उसने जो अनुभव और ज्ञान अर्जित किया, उससे उसने पूरी सृष्टि पर अपना स्वामित्व कायम किया तथा वह चमत्कार कर दिखाया, जो अन्य पशुओं के वश की बात नहीं थी। इस संघर्ष की यात्रा के दौरान, खतरों का सामना करते-करते अनेकानेक मानव अपनी जान गंवा बैठे होंगे। फिर भी हज़ारों वर्षों तक मानव का अन्य पशुओं से और प्रकृति से यह संघर्ष जारी रहा। इस लड़ाई के दौरान मानव ने पशुओं के बारे में तथा भौतिक नियमों का अनुभवजन्य ज्ञान हासिल कर लिया। उसके बल पर उसने सारे पशु-पक्षियों तथा प्रकृति प्रदत्त द्रव्यों पर अपना स्वामित्व कायम किया और उन सबको अपने अधीन रखकर या अपने वश में रखकर यह निश्चित किया कि उनका इस्तेमाल अपने जीने के लिए और सुख में इजाफ़ा करने के लिए होगा। मानव की यह उपलब्धि यहीं नहीं रुकी। उसने आगे चलकर ऐसी मूर्खतापूर्ण और मनगढ़ंत कहानियां गढ़ीं, जिससे वह अज्ञानी, अनपढ़, सीधे-सादे लोगों को बेवकूफ बनाकर उन्हें भी अपना गुलाम बनाने में सफ़ल हो जाता था। उसने आसमान में रहने वाले प्रभु पिता की, अल्लाह की, विष्णु की ऐसी-ऐसी कहानियां रची, जिनके पीछे कोई तर्क नहीं था। उसने बताया कि विष्णु की नाभि से ब्रह्मदेव का जन्म हुआ और ब्रह्मदेव के मुख से ब्राह्मण का जन्म हुआ वगैरह-वगैरह। इस तरह का जटिल धर्म-जाल बुनकर उन पुराने मानवों ने सीधे-सरल लोगों को ठगना शुरू किया और उन्हें गुलामी की बेड़ियों में जकड़ लिया। सच पूछो तो अन्य प्राणियों और

मूल मानव प्राणियों में कोई फ़र्क नहीं था और कई बार वे जानवरों से भी गया-गुज़रा व्यवहार करते थे।

2. अन्य जंगली जानवर और मानव प्राणी : बाघ की गिनती हिंसक पशुओं में होती है। वह किसी की सहायता लिए बिना खुद शिकार करके अपना पेट भरता है और अपनी रक्षा खुद ही करता है। अगर उसी की प्रजाति का या किसी दूसरी प्रजाति का हिंसक पशु उसके ऊपर हमला करता है तो वह उसका मुकाबला करता है। इससे हमें यह पता चलता है कि किसी भी प्राणी के जीने में या सुख में जो भी बाधा आती है, उसे दूर करने के लिए जो भी संघर्ष करना पड़ता है, उसे ही युद्ध अथवा लड़ाई की संज्ञा दी जाती है। यह गुण सभी प्राणियों में जन्मजात होता है। कोई उन्हें यह सिखाता नहीं है। उदाहरण के लिए जंगल में घास के मैदान में अगर हिरण चरने जाते हैं तो वे अकेले न जाकर झुंड में जाते हैं। वे ऐसा इसलिए करते हैं क्योंकि झुंड में उन्हें सुरक्षा महसूस होती है। फिर भी जब बाघ किसी एक हिरण पर हमला करता है, तब झुंड तितर-बितर हो जाता है और हर हिरण अपनी जान बचाने के लिए जिस दिशा में भाग सकता है, भाग जाता है। भाग जाना यह जान बचाने का एक तरीका है और लड़ाई का भी यह एक हिस्सा है। दुर्बल प्राणियों को न चाहते हुए भी इसे अपनाना पड़ता है। हिंसक पशु भक्षक और अहिंसक पशु भक्ष्य या शिकार होते हुए भी एक ही जंगल में गुज़ारा करते हैं। दो बाघों में यह तय करना हो कि शिकार किसका है या किसी एक बाघिन पर किसका हक है तो आपस में लड़कर वे फ़ैसला कर लेते हैं। प्राचीन समय में जंगली अवस्था में रहने वाले मानवों की भी ऐसी ही स्थिति थी। हर छोटी-बड़ी मानव टोली तथा उनकी हर बस्ती की आपस में मुठभेड़ें होती थीं। ताकतवर टोली की जीत होती थी और हारी हुई टोली की युवतियों को पकड़कर ले जाया जाता था। विजेता टोली के युवक उनके ऊपर मरणासन्न होने तक जबरदस्ती करके सुख का उपभोग करते थे। युवतियां अगर उनसे बच भी गईं, तो बंदी बनाए हुए अन्य लोगों के साथ उन्हें पत्थरों से कुचलकर मार दिया जाता था। अत्याचार करने वाले नराधम की टोली का हर सदस्य नग्नावस्था में – स्त्री-पुरुष, छोटे-बड़े सभी – वृक्ष देवी के इर्द-गिर्द हाथों में टहनियां लेकर गीत गाते हुए नाचते थे। थक जाने के बाद देवी के सामने रखा हुआ शिकार का चढ़ावा टोली का मुखिया सबको बांट देता था। फिर इस मांस की दावत होती थी। इस जंगली मानव के भोजन में खरगोश,

हिरण, सूअर, दूसरी टोली के पकड़े गए मानवों का मांस, मछली तथा पेड़ों के फूल शामिल थे। उस समय उन्हें रोटी का पता नहीं था।

कालांतर में जब मानव को आग के बारे में पता चला तब वह मिट्टी और पत्थर से बने बर्तन बनाकर उनमें मांस एवं अन्य खाने की चीज़ें उबालकर या भूनकर खाने लगा। जब खेती की खोज हुई तब खाद्यान्न पैदा होने लगा और खेती के काम करने के लिए बैलों तथा मानवों की ज़रूरत पड़ने लगी। तब दूसरी टोलियों से बैल एवं मानवों को पकड़कर लाया जाने लगा। जो ताकतवर लोग थे, वे इन पर धौंस जमाकर उनसे मरते दम तक काम करवाते थे। पकड़कर लाए गए जानवरों तथा मानवों का आपस में बंटवारा किया जाता था और फिर हर मालिक अपने हिस्से के गुलामों को खटा-खटाकर मार डालता था। वे चार पैरों के जानवरों को जीव मानते थे और दो पैरों के मानव को गुलाम समझकर उनके खाने-पीने का इंतज़ाम करते थे। अगर किसी मालिक को कोई जानवर या मानव अड़ियल लगा तो वह उसे बाज़ार में ले जाकर बेच डालता था। अरबी लोग मानव दास को गुलाम कहते हैं, भट उन्हें शूद्र कहते हैं, ग्रीक लोग 'स्लेव' तथा यूरोपी लोग सर्विटर भी कहते हैं। ये जो पकड़कर बंदी बनाए गए लोग थे, उन्हीं की स्थिति को गुलामगिरी कहते हैं। गुलामगिरी, शूद्रगिरी, स्लेवरी, सर्विटयूड और दासता, ये सब समानार्थी शब्द हैं। गुलामी का यह रिवाज पशु आदि प्राणियों में कभी भी दिखाई नहीं देता, लेकिन बुद्धि तथा समझदारी का रौब झाड़ने वाले मानव प्राणी में यह प्रचलित है। यह ऐसी प्रथा है, जो मानव को जन्मजात प्रिय है और दूसरों की आज़ादी को उनसे छीन लेती है। वह मानव का स्वाभिमान छीनकर उसे पशुवत अवस्था में पहुंचा देती है। इसीलिए यह प्रथा अधम और अमानुष है तथा दुष्ट मानवों की नीच व घृणित बुद्धि की निशानी है।

3. अरस्तु तथा ग्रीक लोगों के गुलाम : पुरानी सभ्यता का दावा करने वाले ग्रीस देश में ऐसी दासता थी कि मानवता का सर शर्म से झुक जाए। इस प्रथा के तहत दासों के साथ अति अमानवीय व्यवहार किया जाता था। जैसे मवेशियों को बाज़ार में खरीदा-बेचा जाता है, वैसे ही दासों के व्यापारियों द्वारा उनकी भी खरीद-फ़रोख्त भरे बाज़ार में की जाती थी। ग्रीक लोग सिर्फ बुद्धि का इस्तेमाल करते थे। वे शारीरिक श्रम से दूर भागते थे। वे गुलामों से जानवरों जैसा श्रम करवाते थे और अपनी ऊर्जा बचाकर सिर्फ बौद्धिक कामों में लगाते थे। मानव

जब शारीरिक श्रम में लगा रहता है तो बेशक उसका शरीर एक हद तक मजबूत होता है, लेकिन उसकी बुद्धि की चतुराई या कुशाग्रता धीरे-धीरे धीमी हो जाती है, ऐसा ग्रीक लोगों का मानना था। ठीक हमारे यहां के भट लोगों की तरह, जो खुद शारीरिक श्रम से बचते हैं। ग्रीक लोग भी कठोर परिश्रम वाले सारे काम गुलामों से करवाते थे और उससे उनको जो आराम और फुरसत मिलता था, उसे वे अपने देश की सभ्यता विकसित करने में खर्च करते थे। इस वजह से मानवों के नीतिधर्म, राजधर्म वगैरह विषयों पर अनेक शास्त्रीय ग्रंथ लिखे गए। सुंदर कपड़े, भव्य इमारतें इत्यादि बनाई गईं और मानव सभ्यता के सिद्धांत लागू किए गए। ग्रीक लोगों ने यह महान काम करके अपने देश को वैभव के शिखर पर पहुंचाया। लेकिन गुलामों को इस सुख-समृद्धि का छोटा सा हिस्सा भी नसीब नहीं था। वे मरते दम तक रात-दिन खेतों में खटते रहते थे और फिर भी उन्हें पेटभर अन्न नसीब नहीं होता था। उनके परिश्रम के सारे फल सिर्फ ग्रीक लोग ही चखते थे। इस तरह से गुलामों का श्रम ही ग्रीक लोगों के जीने और सुख भोगने में सहायक हो रहा था। ऐसे समय में हमारे यहां के भटों के सलाहकार मनु के जैसे ग्रीक लोगों का सलाहकार अरस्तु था, जिसने कहा था कि हमारे लोगों को सिर्फ बौद्धिक श्रम करना चाहिए तथा शारीरिक श्रम गुलामों से करवाना चाहिए। उनका यह मानना था कि गुलाम जनता समाज की रीढ़ थी और उनकी गुलामी राज्य-व्यवस्था या प्रशासन का एक महत्वपूर्ण हिस्सा। यहां के भटों का भी यही मानना है कि शूद्र द्विजों के ईश्वर-सम्मत दास हैं और उनका शूद्रत्व समाज की पवित्रता की रक्षा करता है। वे कहते हैं कि अस्पृश्यता भी धर्मसम्मत है और जैसे वेश्यावृत्ति अप्रत्यक्ष रूप से सभ्य स्त्रियों की अस्मत की सुरक्षा करने में मदद करती है, वैसे ही अस्पृश्यता द्विजों की पवित्रता की रक्षा के लिए उपयुक्त है। इसलिए हम यह कह सकते हैं कि ग्रीक देश के यवन व इंडिया में रहने वाले ईरानी आर्य ब्राह्मण जुड़वा भाई रहे।

रोमन लोगों ने जबसे ग्रीक लोगों पर विजय हासिल की तबसे वहां के गुलामों का जीवन और अधिक नारकीय हो गया तथा उनकी जिंदगी जीने लायक नहीं रह गई थी। रोमन लोगों ने ग्रीक लोगों पर जीत तो हासिल की, पर वे उनसे बौद्धिक रूप से कम सक्षम थे। ठीक वैसे ही जैसे हमारे देश के भटों के ईरानी पूर्वज या अब ब्राह्मण इंडियन लोगों से ज्ञान और बुद्धि से हीन और सभ्यता में भी पिछड़े हुए और बर्बर थे। लेकिन जैसे भटों ने इंडियन लोगों की सभ्यता पर कब्जा जमाकर बलिस्थान पर अपना स्वामित्व कायम किया, ठीक

वैसे ही रोमन लोगों ने भी ग्रीक लोगों के ज्ञान के भंडार उनसे छीनकर उनके ऊपर अपना शासन कायम किया। हमारे देश में घुसपैठ करके बसे हुए ईरानी ब्राह्मणों के उत्तराधिकारी जैसे इंडियन लोगों को शूद्र, अतिशूद्र, नकचिपटे, काले, दास इत्यादि नाम देकर नीचा दिखाते थे, उसी तरह से ऑस्ट्रिया, पोलैंड, जर्मनी, इग्लैंड, वगैरह यूरोप के रहने वालों के लिए स्लाव या स्लेव शब्द का इस्तेमाल करके उन्हें गुलाम समझा जाता था। रोमन जीते हुए देशों के लोगों से पराजित लोगों के बतौर व्यवहार करते थे। वे उनके साथ भेदभावपूर्ण रवैया अपनाकर उनके लिए एक कानून तथा अपने लोगों के लिए दूसरा कानून बनाकर शासन करते थे। रोमन साम्राज्य के कई शहरों में मवेशियों की बाज़ार में बिक्री की तरह गुलामों की भी खुले बाज़ार में खरीद-बिक्री होती थी और उसे कानूनन वैध माना जाता था।

4. रोमन साम्राज्य में गुलामों की दुर्दशा : रोमन लोग ग्रीक लोगों के भाई-बंधु जैसे थे और उन्होंने लगभग डेढ़ हज़ार वर्षों तक उनके ऊपर राज किया। उसके बाद गॉथ, फ्रैंकन जैसी बर्बर टोलियों ने लगातार हमले करके महान रोमन साम्राज्य की चूलें हिला दी। ऐसी कमज़ोर स्थिति में एक जर्मन बर्बर योद्धा ऑडोआकर ने सम्राट के खिलाफ विद्रोह घोषित किया और सम्राट रोम्युलस अगस्तस को उसने खदेड़ दिया। रोमन साम्राज्य का दूसरा तख़्त कॉनस्टैनटिनोपल में था। उसे भी तुर्की लोगों ने ध्वस्त कर दिया। हमारे यहां के ब्राह्मणों जैसे कुछ बर्बर लोग रोम पर शासन करने लगे। लेकिन वे हमारे यहां के भटों के जैसे गुलामों को पूरी तरह से अधीन और कमज़ोर नहीं कर पाए। इसके कारण वहां दंगे, विद्रोह इत्यादि होने लगे और उनकी सत्ता का पतन हुआ। वे बर्बर प्यूटन लोग जीत गए और उन्होंने पराजित लोगों पर बहुत अत्याचार किए।

गुलामी नष्ट करने के लिए ईसा और पैगंबर मुहम्मद ने अपना पूरा जीवन दांव पर लगा दिया। मानव में जन्मजात स्वतंत्रता, समता और बंधुत्व के गुणों का उन्होंने लोगों के बीच प्रचार-प्रसार किया और गुलामी की भर्त्सना की। फिर भी उनके प्रयास नाकाम होने तथा अलेक्ज़ांड्रिया स्थित रोमन सत्ता का पतन होने के कारण अज्ञान की लंबी काली रात शुरू हो गई। यूरोप की पूरी मानवजाति कुविचार, कुविद्या, व कुश्रद्धा में आकंठ डूब गई। स्वर्ग, नर्क, धार्मिक कर्मकांड, ताबीज़, धागे, साधु-संत आदि में लोग अंधविश्वास करने

लगे। ऐसे समय में ब्राह्मणों के पूर्वज आर्य ईरानी लोगों के जैसे बर्बर प्यूटन, ब्रेहन व कुलटिन नामक टोलियों ने लूटमार करना शुरू किया। इन जंगली लोगों का मानवता के धर्म से कोई वास्ता नहीं था और उन्होंने स्त्रियों तथा कमज़ोर लोगों पर भयंकर अत्याचार किए। उसी में हमारे भट भिखारियों की तरह वहां ईसाई धर्मगुरु भी लोगों को लूट रहे थे। सारे लोग इस पूरी स्थिति से त्रस्त हो गए थे।

ब्राह्मण धर्म के धर्मगुरु पालकी में बैठकर दिनदहाड़े मशालें जलाकर जैसे गांव-गांव घूमकर पूजा करवाकर दक्षिणा लूटते हैं, उसी तरह से ईसाई धर्मगुरु पोप महाराज अपने शिष्यों को साथ लेकर गाते-बजाते एक जगह से दूसरी जगह जाते थे और गुलामी धर्मसम्मत है, ऐसा लोगों को बताते थे। लोग जब उनसे विनती करते थे कि वे किसी तरह भयंकर जुल्म ढाने वाली गुलामी को दूर करें तब पोप के मूर्ख अज्ञानी शिष्यगण उन्हें समझाते थे कि अगर गुलामी को नष्ट किया जाएगा तो उससे प्रभु का कोप हो जाएगा। वे कहते थे कि "अगर अगले जन्म में गुलामी से मुक्त होना चाहते हो तो पोप गुरू महाराज से रोटी का एक टुकड़ा और ब्रांडी के एक घूंट का सेवन करो।" यानि पापों के लिए क्षमा तथा स्वर्ग में जगह निश्चित करने के लिए महाराज से सर्टिफिकेट लो। रोटी, ब्रांडी तथा सर्टिफिकेट बेच-बेचकर पोप महाराज ने लोगों को लूटकर अपना खज़ाना भरा। ऐसे कठिन समय में इरैस्मस तथा आधे महात्मा लूथर ने भटके हुए मानव समाज को सही रास्ते पर लाने का महान काम किया और धर्मक्रांति करने का मार्ग प्रशस्त किया। बुद्ध जैसे महात्मा का विरोध करने वाले अंधे हो चुके समाज की उसने आंखें खोली। लूथर को मैं आधा महात्मा कहता हूं क्योंकि उसने जादू-टोने जैसी झूठी विद्या पर विश्वास किया और अपने शिष्यों द्वारा कई कथित डाइनों या जादूगरनियों को पकड़कर उन्हें पेड़ों से बांधकर जिंदा जलाया।

लूथर धर्मतत्वज्ञानी और दार्शनिक था, जिसने बाइबिल के वचनों की पोप द्वारा अपने स्वार्थ के लिए की गई व्याख्या तथा लोगों के साथ की गई सौदेबाजी की पोल खोलकर लोगों को जागृत किया। उसके भाषणों को सुनने के लिए हज़ारों लोगों की भीड़ इकट्ठा होती थी और इनमें से बहुत उसके अनुयायी बन जाते थे। उसके इस आंदोलन से ही प्रोटेस्टैंट पंथ की स्थापना हुई। कहा जाता है कि उसने इरैस्मस नामक ईसाई मानवतावादी धर्मतत्वज्ञानी से प्रेरणा ग्रहण की थी। कालांतर में रानी एलिजाबेथ ने प्रोटेस्टैंट पंथ को अपनाया और इग्लैंड

से गुलामी को नष्ट करने की नींव रखी। आगे कुछ सदियों बाद अंग्रेजों ने गुलामी के खिलाफ कानून बनाकर उसे खत्म किया।

इग्लैंड यह यूरोप के पश्चिम में स्थित सिलोन (श्रीलंका) जैसा एक टापू था। प्राचीन समय में वहां के गोरे लोग कोयले का काला रंग बदन पर लगाकर उसके ऊपर चूने की सफेद धारियां बनाते थे। वे आपस में जानवरों की तरह अजीबोगरीब आवाजें निकालकर संवाद करते थे। यह जंगली अवस्था लंबे समय तक बनी रही। उसके बाद नार्मन लोगों के राजा ड्यूम विल्यम ने इग्लैंड पर चढ़ाई की और यहां अपना राज स्थापित किया। तबसे इग्लैंड में सुधार होने लगे और इसी को उसके इतिहास की शुरुआत मानी जाती है। उसके इतिहास में दो राजाओं तथा दो रानियों के शासनकाल का बहुत बोलबाला था। इसी दौरान लोगों को अपने मानवीय अधिकार हासिल हुए और गुलामी के अंत की शुरुआत हो गई।

कोलंबस समुद्री यात्रा करनेवाले वास्को-डि-गामा जैसा एक नाविक था। वह स्पेन की रानी से कुछ पैसे लेकर इंडिया का जलमार्ग ढूंढने निकला था, लेकिन रास्ता भूलकर वह इंडीज़ टापू पर पहुंच गया। उसके बाद वह स्पेन लौट गया। फिर ढेर सारे लोग, जो यूरोप के विभिन्न देशों से आए थे, यात्रा करके अमरीका पहुंचने लगे। वहां पहुंचकर उन्होंने वहां के मूल वासियों को खदेड़कर उनकी जमीनों पर कब्जा कर लिया और अलग-अलग उद्योग शुरू करके वहां बस गए। ये घुसपैठिए उपनिवेशक यहां के ब्राह्मणों के जैसे ही थे और उन्होंने अमरीका के मूलवासी इंडियनों को अपने बंधुआ मज़दूर बनाकर उनसे जानवरों की तरह हाड़-तोड़ मेहनत करवाई। अपनी सुख-समृद्धि के लिए उन्होंने खुद को मालिक घोषित कर इंडियनों को तरह-तरह से सताकर उनको दिन-रात खटाया। उनके द्वारा दी गई यातनाओं के कारण करोड़ों इंडियन मर गए। कइयों की गोली मारकर या जिंदा जलाकर हत्या कर दी गई। बहुत सारे इंडियनों ने उनके जुल्मों से तंग आकर आत्महत्या की। आज इन इंडियनों की बहुत छोटी सी आबादी बच गई है और वह भी कब लुप्त हो जाएगी, यह कहना मुश्किल है।

5. अमरीकन नीग्रो लोगों की गुलामी : पिछले दो-तीन सौ वर्षों में गुलामों का व्यापार करने वाले हरामखोर व्यापारियों ने अमरीका में रहने वाले करोड़ों नीग्रो लोगों को पकड़कर उन्हें अमरीका में रहने वाले गोरे उपनिवेशकों को

बेचकर अरबों रुपए कमाए। आज अमरीका में करोड़ों नीग्रो गुलाम हैं, जो कुत्ते से भी बदतर जिंदगी जीते हैं और जिनके साथ मवेशियों से भी बुरा व्यवहार किया जाता है। स्त्री गुलामों की स्थिति तो बहुत शोचनीय है। नीग्रो लोग भले ही अनपढ़ और पिछड़े हों, फिर भी उनके बीच मानवता को शोभा देने वाले कई आचार-विचार हैं। उनके रीति-रिवाज़ों के अनुसार स्त्रियों को देवी समान माना जाता है। कई स्त्रियां बहुत सुंदर, कुलीन एवं इज्जतदार होती हैं और उनका गांव में बहुत सम्मान होता है। ऐसी स्त्रियों में से कई कृष्णवर्णीय, जवान और हट्टी-कट्टी स्त्रियों को पकड़कर अमरीका के गोरे, अमीर मालिकों को बेचा गया। गुलामों का व्यापार करने वाले दुष्ट व्यापारियों ने उन्हें भरपूर पैसे लेकर बेच दिया। हाय! हाय!! इन दीन दुखी स्त्रियों का हाल बयान करना भी मुश्किल है। बताते हुए मुझे रोना आता है।

गोरे बागानों के मालिक हों या कारखानों के, सब लाज-शरम छोड़कर गुलाम स्त्रियों पर अत्याचार करते थे और कई बार वे गर्भवती भी हो जाती थीं। उनके बच्चे पैदा होने के बाद मालिक उन्हें अपनी संतान न मानकर नीच जाति का ही मानता था। कभी बागानों का गोरा मालिक गुलाम स्त्री को हल से जोतकर उसके ऊपर जैसे बैलों को चाबुक से हांकते हैं, वैसे तब तक चाबुक चलाता जब तक कि उनके शरीर से खून की धाराएं न बहने लगे। इतना ही नहीं, बीच में ही उसका काम रोककर उससे कामसुख लेने के लिए उसे पेड़ के नीचे नग्न करके लिटाकर उसको बिल्ले की तरह नोंचने-खसोटने लगता था। उसके गालों को, स्तनों को वह दांतों से काटता और नाखूनों से नोंचता। उसके स्तनों पर मुक्के मारकर, उसे जोर से दबाकर, दबोचकर वह तब तक उससे कामसुख लेता है, जब तक उसकी सांस न उखड़ने लगे और वह खून से लथपथ न हो जाय। इस तरह का भयंकर, विकराल लैंगिक अत्याचार करने के बाद वह फिर उसे खेती के कामों में लगा देता। ऐसी क्रूर और भयानक रीति अन्य पशुओं में नहीं पाई जाती। इसलिए अमरीका के गुलामों के मालिकों को तो पशु कहने में भी शर्म आती है।

बंधुओ, मेरा भाषण सुनकर आप रो क्यों रहे हो? अपने आंसू पोंछ लो। अमरीका के गुलामों की दास्तान सुनकर आपको इतना दुख हो रहा है तो जब अपनी स्थिति, जिसके बारे में आजतक एहसास नहीं हुआ है, की जानकारी मिल जाएगी तब आपको जो तकलीफ़ होगी, उससे तो आपके आंसू रुकने का नाम ही नहीं लेंगे। लेकिन रोने या विलाप करने से हमारे दुख दूर नहीं होने

वाले। उसके लिए हम सबको एक होकर हमारे ऊपर भटों द्वारा थोपी गई शूद्रत्व की गुलामी को कुचलकर चूर-चूर कर देना चाहिए। पुराने समय के जंगली, बर्बर लोगों की गुलामी, मिस्र तथा बैबिलोनिया के लोगों की गुलामी, रोमन तथा अमरीका के गोरे लोगों द्वारा थोपी हुई गुलामी और हमारे देश में ब्राह्मणों द्वारा लादी गई गुलामी, इन सबमें रत्तीभर फ़र्क नहीं है। फ़र्क सिर्फ जगह, स्थिति तथा काल का है। नीग्रो गुलामों की तरह हम शूद्र भी हज़ारों वर्षों से गुलामगिरी को झेल रहे हैं और दोनों ने अनगिनत दुख झेले हैं। नीग्रो लोगों को अमरीका में भटों के जो भाईबंधु थे – यानि वहां के गोरे लोग – उन्हें बेचा गया। हमारे देश में भटों के आर्य ईरानी पूर्वजों ने हमारे पूर्वजों पर धोखे से जीत हासिल की। इसके कारण उनके उत्तराधिकारियों को परंपरागत शूद्रत्व झेलना पड़ा। यह शूद्रत्व नष्ट करने का उत्तम अवसर हमें अंग्रेजों के राज में मिल रहा है और उसे हमें हाथ से नहीं जाने देना चाहिए। हम सबको एक होकर इस गुलामगिरी को नष्ट करने के लिए जी-जान से कोशिश करनी चाहिए। धर्म व पुराण हमारे मन में हीनता की भावना पैदा करके हमारी गुलामगिरी को और मजबूत करते हैं। इसलिए हमें उन्हें अपने कूड़े के ढेर में दफ़ना देना चाहिए। आर्य भटादि लोगों ने यह भी घोषित कर दिया था कि शूद्र एवं अतिशूद्र दोगले होते हैं और उन्हें अछूत मानना चाहिए। यह पुराणों में भी लिख रखा है, लेकिन यह सरासर झूठ है। असली दोगले और अछूत तो ईरानी आर्य द्विज हैं। उनके शिकंजे से खुद को छुड़ाने के लिए अपने पूर्वजों की जय-जयकार करके, मैंने जो बीड़ा उठाया है, उसमें एकजुट होकर मेरा साथ दें।

सावित्रीबाई फुले
जीवन कालानुक्रम और कार्य

3 जनवरी, 1831 : नायगांव, तालुका खंडाला, जिला सातारा (महाराष्ट्र) में जन्म;

1840 : जोतीराव फुले के साथ विवाह;

1841 : घर में ही अनौपचारिक शिक्षा की शुरुआत;

1847 : 'नॉर्मल स्कूल' नामक संस्था से शिक्षिका बनने का प्रशिक्षण;

1 जनवरी, 1848 : पुणे के भिडेवाड़ा में लड़कियों के पहले स्कूल की स्थापना; सावित्रीबाई शिक्षिका बनीं;

1 मई, 1849 : पुणे में, उस्मान शेख के घर में प्रौढ़ शिक्षा के लिए स्कूल की स्थापना; सावित्रीबाई का अध्यापन कार्य;

1849 : शूद्रातिशूद्रों की शिक्षा के लिए पति जोतीराव के साथ उनके माता-पिता के घर से निकलना पड़ा;

1849-50 : पुणे, सतारा, अहमदनगर इन जिलों में स्कूल की स्थापना और उनमें से कुछ स्कूलों में अध्यापन कार्य;

1852 : सावित्रीबाई को आदर्श शिक्षिका का पुरस्कार;

12 फरवरी, 1853 : मेजर कैंडी द्वारा फुले दंपत्ति का सम्मान तथा सभी स्कूलों का एक साथ पुरस्कार वितरण कार्यक्रम;

1853 : बाल-हत्या निरोधक गृह की स्थापना और सावित्रीबाई का उसके लिए कार्य;

1854 : 'काव्यफुले' नामक पहला काव्यसंग्रह प्रकाशित;

1855 : किसान और मजदूर स्त्री-पुरुषों के लिए रात्रि पाठशाला की शुरुआत और अध्यापन कार्य;

25 दिसंबर, 1856 : जोतीराव फुले के भाषणों का संपादन एवं प्रकाशन;

1864 : गर्भवती विधवाओं तथा उनके बच्चों के लिए आश्रम चलाया;

1868 : अपने घर का कुआं अछूतों के लिए खोला;

1873 : जोतीराव फुले के साथ मिलकर सत्यशोधक समाज की स्थापना की;

1874 : एक ब्राह्मण विधवा के बेटे को गोद लिया और उसका नाम यशवंत रखा;

1875–1877 : सत्यशोधक समाज द्वारा किए जा रहे अकाल राहत कार्य का नेतृत्व किया और पुणे के आसपास के इलाके में 52 अनाज वितरण केंद्र खोले;

4 फरवरी, 1889 : गोद लिए हुए पुत्र यशवंत का ससाने परिवार की कन्या से विवाह;

28 नवंबर, 1890 : जोतीराव फुले का निधन;

1892 : 'बावन्नकशी सुबोध रत्नाकर' (विशुद्ध सुबोध सागर) – सावित्रीबाई फुले का एक और काव्य संग्रह व उनके भाषणों का प्रकाशन;

1893 : सत्यशोधक समाज की अध्यक्ष चुनी गईं और उसका काम संभाला;

1893–1897 : अकाल और प्लेग के दौरान सावित्रीबाई ने राहत कार्य में अथक मेहनत की;

10 मार्च, 1897 : प्लेग पीड़ितों की सेवा करते हुए खुद उसका शिकार हो गईं और उनका निधन हो गया।

परिचय

उज्ज्वला म्हात्रे (जन्म : 1958)

सामाजिक मुद्दों से सरोकार रखनेवाली सेवानिवृत्त शिक्षिका उज्ज्वला म्हात्रे मूल रूप से जीवविज्ञान की अध्यापिका। देहरादून में शिक्षिका, गाजियाबाद में अकादमिक पर्यवेक्षक तथा मुंबई में विद्यालय प्रमुख। इसके साथ ही, स्त्रियों, दलितों तथा मज़दूर वर्ग से जुड़े आंदोलनों तथा उनसे संबंधित विमर्श में भागीदारी। विभिन्न भाषाओं (मराठी, अंग्रेजी और हिंदी) तथा अनुवाद में विशेष अभिरुचि। अनेक किताबों के अनुवाद प्रकाशित, जिनमें शामिल हैं– शेतकयांची शिदोरी, गेल ऑम्वेट (मराठी से अंग्रेजी), एसएनडीटी विश्वविद्यालय, मुंबई; स्पीचेस बाय नेहरू एंड आजाद ऑन द 1857 रिवोल्ट (अंग्रेजी से मराठी, 2009), नेशनल बुक ट्रस्ट; वाटर, वाटर एव्रीवेयर – ए स्टोरी बाय मेघना पेठे (मराठी से अंग्रेजी) हार्पर कॉलिन्स, दिल्ली; और पोएम्स ऑफ़ सावित्रीबाई फुले – काव्यफुले (मराठी से अंग्रेजी, 2012), डॉ. आंबेडकर कॉलेज ऑफ़ कॉमर्स एंड इकोनॉमिक्स, मुंबई और ब्राह्मणवाद की आड़ में गुलामगिरी, जोतीराव फुले (मराठी से हिंदी, 2021), फारवर्ड प्रेस, नई दिल्ली।

प्रो. हरी नरके (जन्म : 1 जून, 1963)

सावित्रीबाई फुले पुणे विश्वविद्यालय, पुणे में महात्मा फुले पीठ के निदेशक प्रोफेसर हरी नरके, सुप्रसिद्ध अध्येता, लेखक एवं वक्ता हैं। उनकी अनेक पुस्तकें अंग्रेजी, मराठी और हिंदी में प्रकाशित हैं। अन्य स्थानों के अतिरिक्त, उन्होंने लंदन स्थित ब्रिटिश म्यूजियम लाइब्रेरी में शोधकार्य किया है। राज्य एवं राष्ट्रीय स्तर के अनेक पुरस्कारों के विजेता प्रोफेसर नरके ने पुणे में महात्मा फुले स्मारक एवं नायगांव में सावित्रीबाई फुले स्मारक के निर्माण और संसद भवन में महात्मा फुले की प्रतिमा की स्थापना के लिए पहल की थी। वे महाराष्ट्र शासन की महात्मा फुले प्रकाशन समिति के सदस्य-सचिव, भंडारकर ओरिएंटल रिसर्च इंस्टिट्यूट, पुणे के उपाध्यक्ष, महाराष्ट्र राज्य पिछड़ा वर्ग आयोग के सदस्य एवं भारत सरकार के योजना आयोग के मंत्रणा समूह के पूर्व सदस्य हैं।